GELD ANLEGEN FÜR KINDER

Brigitte Wallstabe-Watermann,
Antonie Klotz, Dr. Gisela Baur

Stiftung Warentest
Finanztest

Inhalt

01

Das Beste für den Nachwuchs

Der passende Weg für jedes Ziel

Bevor Sie für Ihre Kinder sparen oder ein Depot anlegen, sollten Sie sich mit Ihren Zielen und Ihrer Lebenssituation beschäftigen. Denn beides ist wesentlich für die richtige Strategie.

Ein Auto und einen Führerschein wird Ihr Nachwuchs in einigen Jahren mit Sicherheit brauchen? Klar, auf dem Land geht es ohne kaum. Keine Trainingsstunde im Sportverein, kein Treffen mit Freunden und auch keine Ausbildung in der nächsten größeren Stadt. Dafür sollte man also rechtzeitig mal einige Euro beiseitelegen. Oder Sie wohnen zwar direkt neben einer Haltestelle eines gut ausgebauten öffentlichen Verkehrsnetzes. Ihre Eltern haben Ihnen aber einen hübschen Betrag für Ihr Kind überlassen? Und den müssen und wollen Sie sinnvoll anlegen, denn bis das Kind selbst darüber verfügen kann, wird noch einige Zeit vergehen?

Es gibt viele Anlässe, über eine gute Geldanlage für Kinder nachzudenken. Und das nicht nur für Eltern, sondern auch für Paten, Großeltern oder andere, die sich um die Zukunft eines Kindes sorgen. Vielleicht wollen Sie kleinere Geldgeschenke zu Weihnachten oder zu anderen konfessionellen Feierlichkeiten möglichst sinnvoll für später anlegen. Oder es gibt ein konkretes Sparziel wie ein E-Bike oder einen Auslandsaufenthalt, zu dem Sie zumindest etwas beitragen wollen. Oder Sie wollen selbst zum nächsten Geburtstag besser schenken: Statt noch mehr Spielzeug für das übervolle Regal im Kinderzimmer anzuschaffen, lieber einen Grundstock für längerfristige, wichtigere Wünsche legen. Für ein Studium vielleicht, für einen guten Start ins Erwachsenenleben oder als Eigenkapital für den späteren Kauf einer Immobilie. Das geht übrigens auch, wenn Sie einen Teil des monatlichen Kindergelds zurücklegen. Sie werden erstaunt sein, was man über die Zeit mit monatlich zum Beispiel 20 Euro so erreichen kann.

Jedes Ziel ist anders – und genauso verschieden sind die Rahmenbedingungen jedes Einzelnen. Daher sollte auch beim Sparen für den Nachwuchs – wie bei jeder guten Geldanlage – eines ganz am Anfang stehen: eine Analyse des gewünschten Ergebnisses, Ihrer Situation und Ihrer finanziellen Möglichkeiten.

Denn meist führen mehrere Wege nach Rom – also zu Ihrem Sparziel. Gerade wer früh anfängt, kann viel erreichen: Nehmen Sie sich also die Zeit, die für Sie passende Strategie zu finden. Und die ist oft nicht das, was Ihnen Ihr Bankberater oder Ihre Versicherungsmaklerin verkaufen will. Ein vorgefertigter Sparvertrag für den Nachwuchs mag bequem sein, aber das Ergebnis ist oft enttäuschend. Denn Banken und Versicherungen interessieren sich oftmals bekanntlich weniger für das Ergebnis Ihrer Sparanstrengungen als für ihre eigenen Provisionen.

Richtig investieren – das hat in Deutschland immer noch wenig Tradition. Zwar steigt die Zahl derer, die sich – oft mit Investmentfonds – an die Börse wagen. Mehr Geld liegt nach Daten der Deutschen Bundesbank aber in „Versicherungs-, Alterssicherungs- und Standardgarantiesystemen". Dahinter verbergen sich meist unflexible und unprofitable Verträge wie die gute, alte Kapitallebensversicherung. Noch immer investieren die Deutschen ihr Geld somit zu einem guten Teil vor allem in zwei Dinge: Sicherheit und Bequemlichkeit.

Natürlich ist es einfacher, einen vorgefertigten Versicherungsvertrag zu unterschreiben, als sich mit den eigenen Zielen auseinanderzusetzen und eine gute Strategie zu finden. Ein bisschen Zeit werden Sie schon investieren müssen, große Expertise brauchen Sie aber nicht. Im Gegenteil: Wenn Sie nur die wichtigsten Regeln kennen, können Sie viel erreichen. Eine davon lautet: Bleiben Sie stur, wenn Sie einmal Ihren Weg gefunden haben. Gerade wenn Sie die Börse einbeziehen, sind Geduld und ein langer Atem entscheidend für den Anlageerfolg.

Ein Depot zu eröffnen und Wertpapiere selbst auszusuchen mag zunächst vielleicht kompliziert klingen, ist es aber nicht. Ab Seite 109 helfen wir Ihnen dabei, die richtigen Entscheidungen zu treffen. Sie finden hier bessere Anlagen, als Ihnen Vertriebsabteilungen der Finanzbranche bieten – zum Beispiel mit dem Pantoffel-Portfolio von Finanztest, das Sie ohne großen Aufwand selbst zusammenstellen können. Damit können Sie eine renditestarke, flexible und kostengünstige Geldanlage für den Nachwuchs organisieren, die genau zu Ihren Möglichkeiten und Vorstellungen passt. In den Kapiteln 3 und 4 stellen wir Strategien sowohl für regelmäßiges Sparen als auch für die Einmalanlage ausführlich vor.

Das Konzept eignet sich für fast jeden, der langfristig für seinen Nachwuchs Geld anlegen und Vermögen aufbauen möchte. Nur wer wenig Zeit hat, um das gewünschte Sparziel zu erreichen, sollte auf reine Bankeinlagen setzen (mehr dazu siehe Seite 24). Doch zunächst wollen wir herausfinden, wie groß Ihr ganz persönlicher Spielraum für den Vermögensaufbau für Ihr Kind eigentlich ist.

Viele Ziele, verschiedene Wege

Je früher Sie beginnen, desto einfacher ist es, eine größere Summe anzusparen. Dafür sorgt der Zinseszinseffekt. Die Grafik gibt Ihnen einen Eindruck, wie viel Sie in welcher Zeit sparen oder welchen Betrag Sie einmalig anlegen müssten, um ein bestimmtes Ziel zu erreichen.

8 Jahre

- einmalig 3100 € zu 4 % Rendite
- monatlich 35 € bei 4 % Rendite

Führerschein

4000 €

---

15 Jahre

- einmalig 7500 € zu 5 % Rendite
- monatlich 60 € bei 5 % Rendite

Grundausstattung für die erste Wohnung

15 000 €

---

25 Jahre

- einmalig 12 000 € zu 6 % Rendite
- monatlich 75 € bei 6 % Rendite

Anzahlung für Immobilie

50 000 €

Die eigenen Finanzen im Griff

Schon mit kleinen Sparraten können Sie viel erreichen. Prüfen Sie aber zuerst, ob Sie selbst finanziell gut aufgestellt und abgesichert sind, damit Ihr Vorhaben nicht scheitert.

Jeder, der schon einmal in einem Flugzeug gesessen hat, kennt die Sicherheitshinweise vor dem Start: Im Falle eines Druckverlustes sollen die Passagiere zuerst selbst ihre Sauerstoffmaske aufsetzen, bevor sie Kindern helfen. Der Gedanke dahinter ist klar: Ein Retter, der selbst nicht genügend Luft zum Atmen bekommt, kann wenig hilfreich sein.

Genau dieses Prinzip gilt auch in Sachen Finanzen: Bevor Sie daran denken, Geld für Ihr Kind anzulegen, sollten Sie Ihre Finanzen und Versicherungen gut organisiert haben. Denn Ihrem Kind ist wenig geholfen, wenn es zwar ein Sparvermögen von ein paar Tausend Euro hat, Sie aber Ihre Wohnung aufgeben müssen, weil etwas Unvorhergesehenes passiert ist und Sie keine Reserven haben, um das finanziell abzufedern.

Überprüfen Sie, ob Ihre Familie ausreichend versichert ist. Wählen Sie Ihre Policen dabei nach dem GAU-Prinzip – den größten anzunehmenden Unfällen. Was wäre ein Schaden, der Ihr Leben wirklich aus der Bahn werfen würde und von dem Sie sich finanziell vermutlich kaum erholen könnten? Versicherungen, die solche Katastrophen abfedern, sind ein „Muss", solche, die mittelgroße Schäden begleichen, sind eher ein „Kann". Alles, was kleinere Ärgernisse absichert – wie etwa den Verlust des Handys oder einen Ausgleich für eine nicht angetretene Reise –, ist dagegen verzichtbar.

So sollte die Familie versichert sein …

Also, kurze Analyse: Woher stammt Ihr Einkommen? Ist es – wie so häufig – vor allem Arbeitseinkommen, von dem Sie leben? Und wird es überwiegend von einem Elternteil erbracht oder sind Sie auf zwei Einkommen angewiesen? Was würde passieren, wenn einer der Verdiener ausfällt? Ein Unfall oder ein anderes tragisches Ereignis sind für jede Familie ohnehin eine Extremsituation. Deshalb sollten Sie sich zumindest gegen die finanziellen Folgen absichern.

Eine Risikolebensversicherung und eine Berufsunfähigkeitsversicherung (BU) für den Hauptverdiener oder die Hauptverdienerin sind daher unerlässlich. Eine Risikolebensversicherung zahlt im Todesfall eine bestimmte Geldsumme. Das schützt Angehörige, die finanziell von der oder dem Verstorbenen abhängig waren. Diese Versicherung ist vor allem dann unverzichtbar, wenn es nur einen Verdiener in der Familie gibt oder zum Beispiel noch eine Immobilie abzuzahlen ist. Und: Eine Risikolebensversicherung ist – anders als eine Kapitallebensversicherung – nicht teuer. Denn hier bezahlen Sie nur die Absicherung des Risikos.

Kapitallebensversicherungen waren lange Zeit eine der beliebtesten Geldanlagen der Deutschen: Neben dem Schutz für die Familie bauen sie mit der Zeit Kapital auf. Das Geld wird – in der Regel bei Rentenantritt – an den Versicherungsnehmer ausgezahlt. Dafür gibt es einen Garantiezins, also eine gesetzlich vorgeschriebene Mindestrendite. Dieser Garantiezins beträgt derzeit nur 0,25 Prozent, ab 2025 dann 1,0 Prozent. Die Rendite ist damit mehr als mager, und als Geldanlage taugen diese Policen nicht mehr. Trennen Sie also Ihr Sparvorhaben und die Absicherung.

Besonders wichtig ist zudem eine Berufsunfähigkeitsversicherung. Denn eine Lebensversicherung zahlt ja nur im Todesfall vor Rentenantritt. Doch auch eine Berufsunfähigkeit kann die Familienfinanzen nachhaltig erschüttern. Rund 25 Prozent aller Menschen müssen ihren Beruf im Laufe ihres Lebens wegen Krankheit oder Unfall aufgeben. Im Durchschnitt sind sie dabei 47 Jahre alt – ein Alter, in dem der Nachwuchs oft noch jahrelang auf die finanzielle Unterstützung der Eltern angewiesen ist. Die staatlichen Leistungen in Form einer Erwerbsminderungsrente oder der gesetzlichen Unfallversicherung reichen dann in der Regel nicht aus, um den Lebensstandard aus dem Berufsleben zu halten.

> **TIPP: Den Nachwuchs durch eine Berufsunfähigkeitsversicherung bereits im Kindesalter abzusichern ist durchaus sinnvoll. Denn für den Abschluss einer solchen Police wird in der Regel eine Gesundheitsprüfung durchgeführt. Schon kleinere Erkrankungen wie eine Angststörung im Jugendalter können dazu führen, dass Ihr Kind später keine oder nur eine sehr teure Versicherung bekommt.**

Jedes Familienmitglied sollte auch gegen Haftpflichtschäden versichert sein. Das geht im Rahmen einer Familienhaftpflicht für alle auf einen Schlag. Wer einem anderen einen Schaden zufügt, haftet dafür mit seinem gesamten Vermögen und Einkommen bis zur Pfändungsgrenze.

Wer fahrlässig mit dem Fahrrad gegen ein parkendes Auto fährt und einen Lackschaden verursacht, kann diesen vielleicht noch aus eigener Tasche bezahlen. Fährt man aber mit demselben Fahrrad versehentlich einen Passanten an, der unglücklich stürzt und lebenslang geschädigt ist, können sich Behandlungskosten, Schmerzensgeld, Pflegekosten, behindertengerechter Umbau der Wohnung und Verdienstausfall auf mehrere Hunderttausend Euro summieren. Eine Privathaftpflichtversicherung mit einer ausreichend hohen Versicherungssumme ist daher für Familien unbedingt notwendig. Eine Haftpflicht sollten Sie übrigens auch für Haustiere wie einen Hund abschließen.

... darüber sollten Sie nachdenken ...

Einige grundlegende Risiken haben Sie vermutlich bereits abgesichert. Denn der Gesetzgeber schreibt eine Kfz-Haftpflichtversicherung für jeden Auto-Besitzer genauso vor, wie es die Pflicht zur Kranken-, Pflege-, Arbeitslosen- und Rentenversicherung für alle Arbeitnehmer gibt. Die Versicherungswirtschaft bietet Ihnen Ergänzungen an, die je nach Lebenssituation überlegenswert sein können – zum Beispiel eine Vollkaskoversicherung für Ihr Fahrzeug. Die ist dann sinnvoll, wenn Sie auf Ihr Gefährt unbedingt angewiesen sind und keine Reserven für einen Ersatz haben, denn eine Vollkaskoversicherung bezahlt auch Ihren Schaden, selbst wenn Sie einen Unfall verursacht haben. Je nach Ihrer Situation könnte auch ein ausreichend hohes Krankentagegeld infrage kommen – das ersetzt den Verdienstausfall bei einer längeren Krankheit.

Wenn Sie nicht angestellt sind, müssen Sie sich um vieles selbst kümmern. Eine freiwillige Mitgliedschaft in der gesetzlichen Rentenversicherung kann dann als ein Teil Ihrer Altersvorsorge interessant sein. Sie ist eine Wette auf ein langes Leben, denn dann werden Sie mehr herausholen, als Sie eingezahlt haben. Wenn Sie eine Immobilie besitzen, sollten Sie eine Gebäudeversicherung gegen möglichst alle Elementarschäden wie Sturm, Flut oder Hagel haben. Und wer wertvolle Dinge besitzt, kann über eine Hausratversicherung nachdenken. Überlegen Sie einfach, welche Schäden Sie über die Zeit verkraften könnten und was Ihr Leben nachhaltig verändern würde – nur Letzteres gehört versichert.

... und das brauchen Sie nicht

Ein kaputtes Handy, eine nicht angetretene Reise – so etwas ist ärgerlich, vielleicht sogar traurig, wird Ihnen Ihre Zukunft aber nicht verbauen und gehört daher nicht unbedingt versichert. Auch andere Versicherungen – wie zum Beispiel eine private Krankenzusatzversicherung für ein gesetzlich versichertes Kind – sind meist überflüssig. Denn die gesetzlichen Krankenkassen decken die meisten Leistungen für Kinder ohnehin sehr umfassend ab. Mit wenigen Ausnahmen, wie zum Beispiel Zahnkorrekturen aus kosmetischen Gründen. Hier sehen die Verträge bei den privaten Versicherungen aber meist eine Selbstbeteiligung vor, sodass sich die Prämien selbst bei einer Zahnkorrektur auf Dauer kaum lohnen.

Noch weniger sinnvoll sind andere Angebote, wie zum Beispiel eine sogenannte Ausbildungsversicherung. Anders als der Name suggeriert, wird damit nicht die Ausbildung einer Person finanziert, sondern bei Ablauf der Versicherung ein fester Betrag ausgezahlt. Hinzu kommt eine Absicherung der Beiträge für den Fall, dass die Person, die die Versicherung abgeschlossen hat, stirbt. Das können Eltern oder Großeltern sein. Im Grunde handelt es sich um nichts anderes als eine Kapitallebensversicherung zugunsten der Kinder. Mit allen Nachteilen, die eine solche Police hat: Die Verträge sind unflexibel und wegen der vergleichsweise hohen Kosten zudem renditeschwach. Das gilt besonders, wenn Großeltern sie abschließen. Weil sie älter sind, lässt sich die Versicherung die Absicherung des Todesfallrisikos noch teurer bezahlen. Die Stiftung Warentest rät in Einzelfällen sogar zur Kündigung solcher Verträge.

Finanzen organisieren nach dem Terrassenmodell

Bevor Sie einen Sparplan für den Nachwuchs abschließen, sollten Sie aber nicht nur Ihre Absicherung prüfen. Nehmen Sie sich die Zeit, Ihre eigenen laufenden Finanzströme selbstkritisch unter die Lupe zu nehmen und gegebenenfalls zu ordnen. Sie wollen Ihrem Nachwuchs ja nicht ein kleines mühsam angespartes Vermögen und gleichzeitig einen großen Schuldenberg hinterlassen. Sinnvoll ist dabei die Orientierung am Terrassenmodell, das Ihnen hilft, Ihre finanziellen Mittel überlegt einzusetzen. Es besteht aus vier imaginären Terrassen. Erst wenn die vorangegangene Stufe erreicht wurde und wieder etwas übrig bleibt, sollte die nächste Terrasse erklommen werden.

Stufe 1: Monatliche Einnahmen und Ausgaben. Ihr Einkommen sollte Ihre Ausgaben decken – das ist eigentlich eine Binsenweisheit, aber natürlich essenziell. Wer regelmäßig auf dem Girokonto im Minus landet und seinen Dispositionskredit strapaziert, finanziert sein Leben teuer und läuft Gefahr, in die Schuldenfalle zu tappen. Sparen Sie daher als Erstes eine typische Monatsausgabe auf Ihrem Girokonto an und halten Sie dieses Niveau kontinuierlich. Nur wenn Sie am Monatsende regelmäßig etwas übrig haben, füllen Sie die nächste Stufe.

Stufe 2: Das Polster. Hier sollten Sie etwa zwei – Vorsichtige auch drei bis vier – Monatseinnahmen zurücklegen. Sie sind für alle unvorhergesehenen Ausgaben gedacht, von A wie Autoreparatur bis Z wie Zahnsanierung. Wenn Sie einmal an diese Reserven gehen mussten, füllen Sie sie so schnell wie möglich wieder auf. Erst dann kommt …

Stufe 3: Die mittelfristigen Anlagen. Ein neues Auto, eine große Reise oder Ähnliches kommen nicht ständig vor. Aber man sollte nicht nur vom Urlaub träumen, sondern auch rechtzeitig an seine Finanzierung denken und dafür Rücklagen bilden. Auf dieser Stufe sparen Sie also für größere mittelfristige Ausgaben.

Stufe 4: Die langfristigen Anlagen. Hier geht es vor allem um den Vermögensaufbau und/oder einen späteren geplanten Immobilienkauf.

Die Geldanlage für das Kind gehört je nach Zeithorizont in die Stufe 3 oder 4. Das bedeutet konkret: Solange Sie die ersten beiden Stufen für die Familie nicht erklommen haben, sollten Sie noch keine Sparpläne für den Nachwuchs ins Auge fassen.

Gleiches gilt, wenn Sie Ihre eigene Altersvorsorge noch nicht geregelt haben. Zwar hat die Bundesregierung inzwischen ein Gesetz auf den Weg gebracht, das Kinder erst ab einem Jahreseinkommen von mehr als 100 000 Euro zur Übernahme von Pflegekosten für ihre Eltern verpflichtet. Aber auch mit einem vergleichsweise guten Einkommen kann die Unterstützung zu einer großen Belastung werden. Ganz abgesehen davon, dass Sie vermutlich auch im Alter gerne in gesicherten finanziellen Verhältnissen leben möchten.

Mehr Spielraum schaffen

Wenn Sie jetzt feststellen, dass nach Stufe 2 oder 3 kaum noch Geld übrig ist, oder wenn Sie sich einfach mehr Spielraum verschaffen wollen, ist es Zeit für einen etwas detaillierteren Kassensturz. Checken Sie Ihre Kontoauszüge und notieren Sie alle Ausgaben in bar, um sich einen Überblick zu verschaffen. Und prüfen Sie auch Ihre Einnahmensituation: Vielleicht ist es an der Zeit, eine Gehaltserhöhung zu verhandeln oder die Miete für eine fremdvermietete Eigentumswohnung zu erhöhen? Ein solcher Kassensturz ist ohne großen Aufwand in drei Schritten möglich:

Schritt 1: Bestandsaufnahme. Wie hoch sind Ihre monatlichen Einnahmen? Dazu zählen neben dem Gehalt auch Kindergeld, Unterhaltszahlungen oder Mieteinnahmen. Bei den Ausgaben sollten Sie unregelmäßige Verpflichtungen wie Steuernachzahlungen oder eine Tierarztrechnung nicht vergessen. Denken Sie auch an die kleinen Ausgaben im Alltag: Coffee to go, Fast Food oder Busfahrkarten.

Schritt 2: Verträge ordnen und prüfen. Verschaffen Sie sich einen Überblick über Ihre vertraglichen Verpflichtungen und die damit verbundenen Kosten. Dazu gehören Miete, Versicherungen, Handyverträge, Kreditraten, Kontoführungsgebühren, Streaming-Abos und Mitgliedsbeiträge. Rechnen Sie Jahresbeiträge auf den Monat um.

Schritt 3: Prioritäten setzen. Mit der erstellten Übersicht über Ihre finanzielle Situation können Sie entscheiden, wo es Sparpotenzial gibt. Sind Verträge überflüssig? Sind das Girokonto zu teuer oder die Ausgaben für Kleidung zu hoch? Zahlen Sie nur für Dinge, die Sie wirklich brauchen oder auf die Sie niemals verzichten wollen.

Ein Haushaltsbuch ist immer sinnvoll – auch für diejenigen, die gar nicht sparen müssen. Und das geht inzwischen bequem digital mit einer Haushaltsbuch-App. Wer ein solches Haushaltsbuch zumindest eine Zeit lang führt, kann unnötige Ausgaben erkennen, wie die für häufiges Essen außer Haus, die sich oft zu erheblichen Summen zusammenläppern. Oder auch die Kosten für ein eigenes Auto, das kaum genutzt wird. Hier wäre Carsharing sinnvoller. Das gesparte Geld lässt sich dann zusätzlich in die Zukunft der Kinder investieren.

Von Rendite und Zinseszins

Wie viel Vermögen Sie für Ihren Nachwuchs aufbauen können, hängt natürlich von den Summen ab, die Sie investieren. Entscheidend sind aber auch zwei weitere Faktoren: die Renditen, die Sie erzielen, und der Zeitraum, in dem Sie anlegen.

Nehmen wir einmal an, Sie möchten einen größeren Betrag fürs Kind ansparen. Dann ist natürlich jeder Monat hilfreich, den Sie haben, um Geld zur Seite zu legen. Ganz klar: Die Zeit ist eine Freundin von Sparern. Wie außerordentlich wertvoll diese Freundin für Sie sein kann, wird aber erst deutlich, wenn Sie die Zinsen mit einbeziehen. Denn sie sorgen dafür, dass das Vermögen stetig wächst, ohne dass Sie zusätzliches Geld auf die hohe Kante legen müssen.

Und es kommt noch besser: Die Zinsen des ersten und jedes weiteren Jahres wirken wie eine zusätzliche Einzahlung, denn auch sie bringen

Zinsen, die in den Folgejahren wieder Zinsen bringen. Fachleute sprechen vom sogenannten Zinseszinseffekt. Der fällt umso größer aus, je höher die Zinsen beziehungsweise die Rendite einer Geldanlage sind. Höhere Renditen gibt es am Finanzmarkt aber nur mit höherem Risiko – zumindest kurzfristig.

Die Qualität einer Geldanlage lässt sich anhand von drei Eigenschaften beurteilen: Liquidität, Sicherheit und Rentabilität.

Liquidität zeigt an, wie rasch sich eine investierte Summe wieder zurück in Bankguthaben umwandeln lässt. Aktien, die börsentäglich verkauft werden können, sind liquider als zum Beispiel eine Immobilie, die sich oft nur innerhalb von mehreren Monaten vermarkten lässt.

Sicherheit ist hier gleichzusetzen mit Kapitalerhalt. Zinsanlagen begründen in der Regel einen gesetzlichen Anspruch auf Rückzahlung, Aktien dagegen nicht.

Rentabilität bezieht sich auf die Ertragskraft einer Anlage. Hier ist die Rendite entscheidend. Das schließt alle Erträge einer Investition ein, also nicht nur Zinsen, sondern bei Aktien auch Dividenden – also die Ausschüttungen der Unternehmen, die Sie als Aktionär erhalten – und mögliche Kursgewinne (siehe auch Seite 15).

Die ideale Geldanlage wäre spitze in allen drei Eigenschaften auf kürzere wie längere Sicht, aber genau eine solche Anlage gibt es nicht. So sind etwa Aktien auf kurze Sicht sehr liquide und bieten auf längere Sicht gute Renditechancen, die Kurse schwanken aber, daher ist die Sicherheit eingeschränkt. Mit einem Sparbuch haben Sie die höchste Sicherheit, allerdings nur sehr geringe Renditechancen.

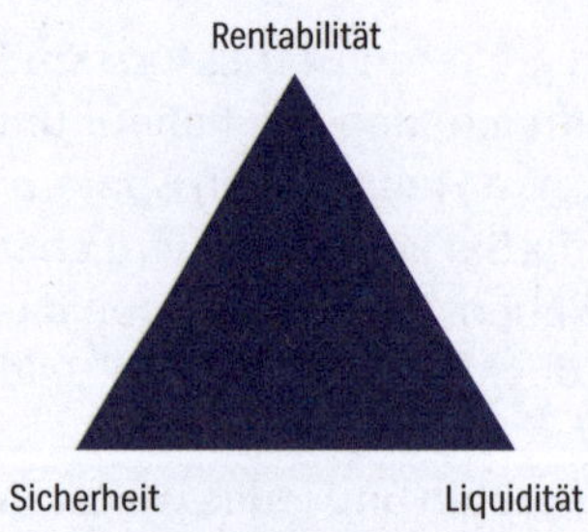

DAS MAGISCHE DREIECK DER GELDANLAGE: Es zeigt den Zusammenhang zwischen Sicherheit, Rendite und Liquidität. Keine Geldanlage ist in allen drei Eigenschaften in jeder zeitlichen Dimension gleich gut. Sie müssen daher immer abwägen, welche dieser Eigenschaften für Sie am wichtigsten ist, und einen Kompromiss eingehen.

Zeit und Rendite erleichtern das Sparvorhaben

Beispiel: Sparziel 10 000 Euro. Je nachdem, wie lange Sie Zeit haben zu sparen und welche Rendite Sie erzielen, brauchen Sie hierfür verschieden hohe monatliche Sparraten. Zum Beispiel benötigen Sie 72 Euro monatlich, wenn Sie 10 Jahre mit 3 Prozent sparen, aber nur 25 Euro bei 5 Prozent und 20 Jahren.

Zeitraum (Jahre)	Monatlicher Sparbetrag in Euro bei einer Rendite von ... (% p.a.)				
	3	4	5	6	7
5	154	151	147	143	140
10	72	68	65	61	58
15	44	41	38	35	32
20	31	27	25	22	20
25	22	20	17	15	13

Beispiel: Anlage von 1000 Euro. Zeit und Rendite bestimmen auch darüber, was aus einer Anlage von 1000 Euro wird. Bei einer Rendite von 7 Prozent werden daraus nach 25 Jahren mehr als 5 000 Euro, bei 3 Prozent nur gut 2 000 Euro. Wer nur 5 Jahre anlegt, schafft mit einer Rendite von 5 Prozent 1216 Euro, mit 7 Prozent 1311 Euro – vorausgesetzt, die jeweiligen Erträge werden wiederangelegt.

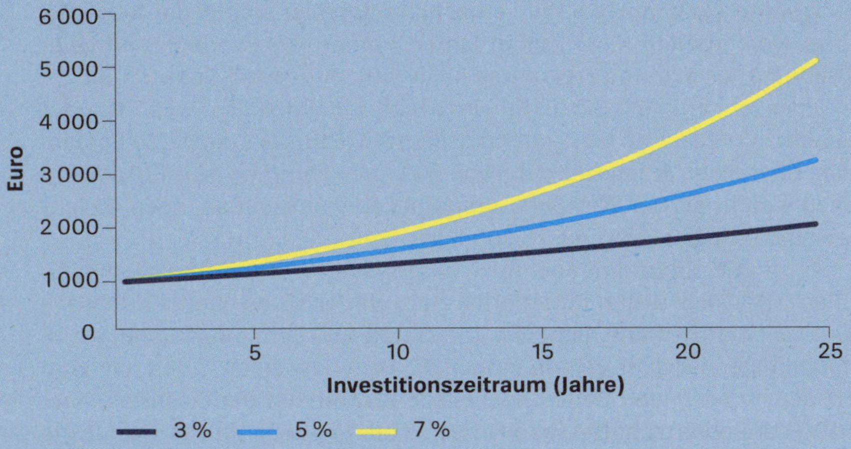

Anleger mit genügend Zeit und der passenden Strategie (mehr dazu ab Seite 21) können sich dennoch ohne Scheu an die Börse wagen. Und Kinder sind oft die idealen Aktionäre – denn sie haben in der Regel viele Jahre Zeit fürs Geldanlegen. Aktien sind zwar von ihrer rechtlichen Konstruktion her weniger sicher als ein Sparbuch. Die Erfahrungen der Vergangenheit zeigen aber: Geduld hat sich immer ausgezahlt. Wer über 10 Jahre, besser 15 Jahre ein breit gestreutes Aktienportfolio hielt, musste nur in Ausnahmefällen Verluste hinnehmen.

Denn bisher folgte auf jeden Crash an der Börse, der die Vermögen schrumpfen ließ, wieder ein Boom – und die Kurse kletterten auf neue Höchststände. Und die durchschnittlichen Renditen waren mehr als ansehnlich. Wer sein Geld allerdings nur für ein paar Jahre anlegen will, kann einen Crash im Zweifel nicht „aussitzen" und sollte sich besser nicht auf die Börse verlassen.

Der Turbo für die Sparanstrengung

Ein langer Atem lohnt sich allerdings: Dann sind die Renditen an der Börse deutlich höher als bei sicheren Zinsanlagen wie Festgeld oder Sparbuch. Und hohe Renditen und Zeit zünden dann den Turbo für jede Sparanstrengung: den Zinseszinseffekt.

Wie stark der ist, zeigt ein Beispiel. Angenommen, Sie haben gerade ein Baby bekommen und von den überglücklichen Großeltern 10 000 Euro für den Nachwuchs erhalten. Sie legen dieses Geld breit gestreut am Aktienmarkt an. Dort können Sie auf lange Sicht mit einer durchschnittlichen Rendite von jährlich rund 6 bis 7 Prozent rechnen. Das ist historisch der rechnerische langjährige Durchschnitt für eine sehr breite Aktienanlage. Wir vernachlässigen hier einmal die Tatsache, dass Aktienmärkte in einzelnen Jahren immer verschiedene und gelegentlich auch extreme Ergebnisse liefern (mehr dazu ab Seite 20, 54).

Jedes Jahr erhalten Sie für Ihr eingesetztes Kapital also 6 bis 7 Prozent Rendite. Wir rechnen hier schematisch mit 6,5 Prozent, also 650 Euro im Jahr. Über einen Anlagezeitraum von 20 Jahren kommen also 13 000 Euro dazu – mehr als der Wert Ihrer ursprünglichen Investition, nach 40 Jahren sind es logischerweise 26 000 Euro.

Klingt gut? Es kommt aber noch besser. Wenn Sie die jährlichen Kapitalerträge gleich weiter investiert lassen, werfen diese ebenfalls Rendite ab. Das ist am Anfang nicht viel. Die ersten 650 Euro Zinsen bringen im darauffolgenden Jahr gerade einmal 42 Euro zusätzlich. Doch das wird schnell immer mehr: Schon nach sieben Jahren hat der Zinseszins fast 1 000 Euro erwirtschaftet, nach etwa 27 Jahren mehr als der eigentliche

Zins über die gesamte Zeit, nämlich rund 27 000 Euro. Und er steigt in den Folgejahren weiter exponentiell an. Aus einer ursprünglichen Einlage von 10 000 Euro werden so nach 40 Jahren mehr als 120 000 Euro. Der Zinseszins wirkt wie ein Schneeball, der immer dicker wird, je länger und weiter er ins Tal rollt.

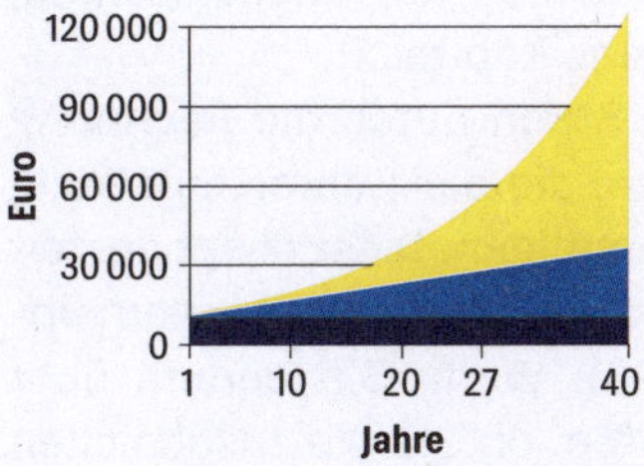

ZINSESZINS: Je länger Kapital (dunkelblau) angelegt und Erträge (mittelblau) reinvestiert werden, desto stärker wirkt der Zinseszinseffekt (gelb). In unserem Beispiel von 10 000 Euro bei 6,5 Prozent Rendite trägt er nach 27 Jahren mehr zum Kapitalaufbau bei als der eigentliche Zins.

Natürlich ist der Effekt geringer, wenn der Zinssatz niedriger liegt. Und die Börse wird nicht regelmäßig 6,5 Prozent abwerfen, sondern eben nur im langfristigen Durchschnitt. Wer zudem keine hohe Summe anlegt, sondern einen Sparplan einrichten will, braucht mehr Geduld. Denn auf die ersten Einzahlungen gibt es nur wenig Zins und entsprechend wenig Zinseszins. Aber der Mechanismus funktioniert auf lange Sicht immer.

Inflation und Steuern

Wer auf den Zinseszins setzt, muss allerdings auch die Gegenspieler von Sparern beachten: Inflation und Steuern mindern die Renditen. Kehren wir noch einmal zu dem Führerschein-Beispiel vom Anfang dieses Kapitels zurück. Frau Meier möchte sicherstellen, dass ihr heute zehnjähriger Sohn mit 18 Jahren sowohl einen Führerschein für 4 000 Euro erwerben als auch ein gebrauchtes Auto für 6 000 Euro kaufen kann. Sie richtet daher einen Sparplan ein, mit dem sie in acht Jahren genau 10 000 Euro angespart hat.

Doch die Rechnung geht nicht auf: Denn nach acht Jahren verlangen Fahrschule und Behörden gut 900 Euro mehr für den Führerschein, und auch Gebrauchtwagen sind deutlich teurer geworden. Denn Frau Meier hat ihre Rechnung ohne die Teuerung (Fachwort: Inflation) gemacht. Und die kann einen großen Unterschied bedeuten: Bei einer jährlichen Preissteigerung von 3 Prozent klettern die Preise innerhalb von acht Jahren um fast 23 Prozent. Bei dem von der Europäischen Zentralbank angestrebten Inflationsziel von 2 Prozent sind es immer noch knapp 15 Prozent im selben Zeitraum.

Zwar kann niemand seriös vorhersagen, wo die Inflationsrate in zwei, zehn oder gar zwanzig Jahren liegen wird. Die meisten Expertinnen und Experten sind sich aber einig: So niedrige Raten wie vor und während der Corona-Pandemie sind auf absehbare Zeit unwahrscheinlich – und damit müssen Sie umgehen. Meiden Sie daher starre Verträge mit festen Zins- oder Auszahlungsvereinbarungen und setzen Sie auf Anlageformen wie Aktien-ETF, die in der Lage sind, die Teuerung auszugleichen, oder flexible Anlagen wie Festgeldkonten (siehe Kapitel 2).

Nicht nur die Inflation kann Ihnen einen Strich durch die Rechnung machen. Zu bedenken sind auch die Steuern, die auf Sparerträge fällig werden, sobald sie den Sparerfreibetrag übersteigen. Dieser liegt derzeit bei 1000 Euro pro Jahr für Alleinstehende und bei 2000 Euro für gemeinsam Veranlagte (mehr dazu siehe Seite 93). Wenn Sie bereits über Kapitalerträge verfügen, sollten Sie also prüfen, ob Sie die zusätzlichen Mittel für den Nachwuchs nicht besser auf den Namen des Kindes anlegen. Kinder haben eigene Steuerfreibeträge. Und wer mit Aktien spart, muss die Steuer auf Verkaufserlöse einplanen. (Mehr dazu ab Seite 81.)

Doch Vorsicht: Ist Ihr Kind zu „reich", kann es ganz andere Probleme geben. Ab einem bestimmten Vermögen wird der Staat bei einigen Sozialleistungen knausrig – wie beispielsweise beim Bafög. Und wenn es um größere Summen geht, etwa weil die Großeltern ihren Enkeln ein richtiges Vermögen überlassen haben, müssen Sie unter Umständen an die Erbschafts- oder Schenkungssteuer denken.

Realzinsen berechnen und beachten

Geld ist immer nur so viel wert, wie man dafür an Waren oder Dienstleistungen bekommt. Und das verändert sich über die Zeit. Denn die Inflation knabbert an der Kaufkraft – wir alle haben das in den vergangenen Monaten im Supermarkt gespürt. Wichtig ist also nicht die absolute Summe, sondern die Kaufkraft eines Vermögens. Und wie die durch eine Geldanlage wächst, berechnet man mit dem Realzins.

Der ist einfach zu ermitteln: Von der erwarteten Rendite (bleiben wir beim Beispiel von 6,5 Prozent) wird einfach die erwartete Inflation – wir rechnen hier mit 2 Prozent – abgezogen. Bleibt also eine reale Verzinsung von 4,5 Prozent. Im obigen Beispiel würde das bedeuten, dass nach 20 Jahren aus 10000 Euro zwar 33100 Euro geworden sind, die Kaufkraft aber nur noch dem Gegenwert von heute 23100 Euro entspricht.

Ganz bitter wird es bei einer negativen Realverzinsung – wenn also die Inflation höher ausfällt als die Rendite. Dann sinkt die Kaufkraft des

Vermögens Jahr für Jahr. Denn leider wirkt der Zinseszinseffekt auch umgekehrt: Angenommen, Sie legen 10 000 Euro an. Bei einer negativen Realverzinsung von 0,5 Prozent (also zum Beispiel 1,5 Prozent Zinsen auf Festgeld, aber 2 Prozent Inflation) hat der Sparer nach 20 Jahren zwar gut 2 000 Euro mehr auf dem Konto, kaufkraftbereinigt sind es aber nur noch 9 050 (genau: 9 046) Euro. Bei minus 2 Prozent Realzins sind es sogar nur noch 6 676 Euro.

Wer auf lange Sicht Vermögen aufbauen will, braucht also unbedingt eine möglichst hohe positive Realverzinsung. Und kommt deshalb an der Börse kaum vorbei.

Wenige Schritte zu Ihrem Masterplan

Egal, worum es geht: Für jedes Vorhaben gibt es einen, manchmal sogar mehrere gute Wege. Mit den richtigen Fragen finden Sie heraus, wie Sie Ihre Pläne fürs Kind am besten umsetzen.

Der richtige Zeitpunkt, um mit dem Sparen für den Nachwuchs zu beginnen, ist jetzt. Denn je früher Sie beginnen, desto mehr können Sie erreichen. Dennoch sollten Sie sich die Zeit nehmen, Ihren Plan zu entwickeln: Es geht auch darum, dass Sie Ihr Vorhaben durchhalten können, es geht um die passenden Anlagebeträge, vielleicht um Steuern und mehr. Finden Sie heraus, was für Sie wichtig ist.

Aber eines gilt immer: Was immer Sie tun, achten Sie darauf, dass Ihr Plan flexibel bleibt. Denn das Leben ist nicht vollständig planbar. Sorgen Sie also dafür, dass Sie in schlechten Zeiten auch einmal mit dem Sparen aussetzen können. Oder eine unvorhergesehene Ausgabe für das Kind außerplanmäßig realisieren können – die einmalige Gelegenheit für ein Austauschjahr oder ein Traumpraktikum, das dann plötzlich sinnvoller ist als das ursprüngliche Sparziel.

Versicherungen und schwach verzinste Banksparpläne sind deshalb nicht die erste Wahl: zum einen, weil sie in der Regel schlechtere Renditen abwerfen als Direktanlagen in Festgeld, Zinspapiere und Aktien; zum anderen, weil sie oft unflexibel sind. Eine Kündigung kann zu relativ hohen Renditeeinbußen führen. Das gilt auch für ein klassisches Sparbuch, das inzwischen häufig nicht mehr als Buch, sondern als Sparkonto oder Sparcard angeboten wird. Die Konditionen sind aber gleich geblieben und wenig attraktiv: Oft gibt es nur sehr magere Zinsen, und wer mehr als 2000 Euro abheben will, muss entweder eine Kündigungsfrist einhalten – meist zwischen drei und sechs Monaten – oder Vorschusszinsen zahlen. Tages- und kurz laufendes Festgeld sind hier eindeutig die attraktiveren Varianten.

Der passende Mix

Für eine sinnvolle langfristige Geldanlage genügen in der Regel zwei Bausteine: zum einen ein breit gestreutes Aktienportfolio (zum Beispiel mit Aktien-ETF), das langfristig für Rendite sorgt, und zum anderen eine Zinsanlage (zum Beispiel Tages- oder Festgeld), die Stabilität und Planbarkeit bringt. Beides besprechen wir ausführlich ab Seite 46. Anhand von zwei einfachen Fragen können Sie herausfinden, welcher Anteil an Aktien oder Zinsanlagen für Ihr Vorhaben optimal ist:

„Bald", „später" oder „irgendwann"? Aktien sind auf Dauer ertragreich, kurzfristig aber riskant. Faustregel: Haben Sie weniger Zeit, sind sichere Zinsanlagen oder allenfalls ein niedriger Aktienanteil das Mittel der Wahl. Erfahrenere können in den ersten Jahren etwas risikoreichere Zinsanlagen wie Renten-ETF (siehe Seite 25) beimischen. Je länger Sie anlegen, desto mehr Kapital darf an der Börse arbeiten, nur für sehr langfristiges Sparen sind überwiegend Aktien geeignet (siehe Seite 28).

„Hauptsache sicher" oder „Augen zu und durch"? Stellen Sie sich für einen Moment vor, Sie hätten 10000 Euro an der Börse angelegt. Ab dem folgenden Tag geht es stetig bergab. Und nach einem halben Jahr stehen nur noch 7000 Euro auf dem Depotauszug. Solch eine Entwicklung ist durchaus möglich. Nach einem Crash sind zwischenzeitliche Kursverluste von 30 Prozent leider absolut realistisch. Würden Sie dann reflexartig alles verkaufen und nie wieder einen Blick auf die Börse werfen? Wenn ja, dann haben Sie eine hohe Risikoaversion, die Sie kennen und berücksichtigen sollten. Denn langfristige Erfolge mit Aktien können nur Nervenstarke einfahren, die wissen: Ein Einbruch an der Börse mindert zwar Ihr Vermögen auf den Kontoauszügen. Geld verloren haben Sie aber erst, wenn Sie Ihre Aktienbestände zu niedrigen Kursen auflösen.

Bislang hat die Börse noch jeden Crash mehr als ausgeglichen und ist weiter gestiegen. Nur wer über ein gewisses Maß an Risikotoleranz verfügt, kann auf lange Sicht an der Börse gewinnen. Wenn Sie jedes Risiko vermeiden wollen, werden Sie viel weniger erreichen. Daher ist es sinnvoll, bei einer hohen Risikoaversion die Geldanlage zwar mit einem stabilisierenden Anteil an Zinsanlagen auszugleichen, aber nicht ganz auf die Börse zu verzichten. Risikoaversion ist eine Frage der Persönlichkeit. Fast noch wichtiger ist jedoch Ihre Risikotragfähigkeit. Darunter versteht man die Möglichkeit, Verluste zu tragen, ohne in ernsthafte finanzielle Schwierigkeiten zu geraten. Sie hängt von Ihren Lebensumständen ab. Ein Haushalt mit abbezahltem Eigenheim und zwei verbeamteten Erwachsenen hat eine höhere Risikotragfähigkeit als eine alleinverdienende Selbstständige ohne Rücklagen. Hier ist die Wahrscheinlichkeit höher, dass das Vermögen des Nachwuchses teilweise aufgelöst werden muss – unabhängig davon, wo die Börsenkurse stehen. Etwa, weil eine größere Ausgabe fürs Kind ansteht. Ist Ihre persönlichen Risikotragfähigkeit gering, sollte der Aktienanteil eher geringer und der Anteil sicherer Zinsanlagen höher ausfallen – sogar bei einem langen Ansparzeitraum.

Ihre persönliche Strategie

Wenn Sie ein Gefühl dafür entwickelt haben, welcher Aktien- und welcher Zinsanteil für das Sparvorhaben für Ihren Nachwuchs sinnvoll sind, geht es an die praktische Umsetzung.

Ganz egal, wie Ihre persönlichen Pläne sind: ob Sie vorhandenes Kapital – wie Geschenke von Verwandten oder auch eigene Ersparnisse – anlegen wollen. Oder planen, mit kleineren Sparraten nach und nach ein Vermögen aufzubauen. Für beide Vorhaben gibt es sinnvolle Strategien, die wir Ihnen in Kapitel 3 beziehungsweise 4 näher vorstellen.

Eines sollten Sie aber bedenken: Wenn Sie einmal Ihren eigenen Plan aufgestellt haben, können Sie beide Methoden jederzeit miteinander kombinieren. Sie können ein größeres Geldgeschenk der Großeltern langfristig in Aktien und Festgeld anlegen und jederzeit mit einem eigenen Sparplan oder auch unregelmäßigen Beträgen ergänzen. Oder man beginnt mit einem Sparplan und stockt diesen mit Geldgeschenken zu Geburtstagen, Weihnachten oder anderen Anlässen auf. Achten Sie bei der Wahl Ihres Wertpapierdepots (ab Seite 109) darauf, dass alles möglich ist. Ob Sie dieses Wertpapierdepot in eigenem Namen führen oder direkt auf Namen des Kindes, will gut überlegt sein. Wie Sie diese Frage entscheiden, finden Sie in Kapitel 5 auf Seite 88 erläutert.

Das Ziel vor Augen

Was aus einer Einmalanlage bei verschiedenen Renditen und Laufzeiten werden kann, können Sie in der Grafik auf Seite 7 ablesen. Oder geht es Ihnen um eine konkrete Summe, die Sie ansparen wollen? Dann sollten Sie genau ausrechnen, wie viel Sie investieren müssten, um Ihr Ziel in der Zeit, die Sie zur Verfügung haben, zu erreichen. Als Anhaltspunkt kann Ihnen die Tabelle auf Seite 15 dienen, die zeigt, wie viel Sie bei unterschiedlichen Renditen und Laufzeiten monatlich beiseite legen müssen, um 10 000 Euro zu erreichen. Bedenken Sie aber: Mit hohen Renditen dürfen Sie nur rechnen, wenn Sie genug Zeit haben, an der Börse anzulegen, mit reinen Kontenanlagen ist das derzeit nicht zu schaffen.

Die weiteren Schritte sind nicht schwer

In Kapitel 2 stellen wir Ihnen Anlageprodukte vor, die für verschiedene Spartypen geeignet sind – und solche, die es meist nicht sind. Daraus können Sie Ihren ganz persönlichen Plan für den Vermögensaufbau Ihres Kindes zusammenstellen – je nach Ihren Möglichkeiten und Ihrer persönlichen Einstellung zum Risiko. Wie das mit Einmalanlagen funktioniert, zeigen wir in Kapitel 3, für Sparpläne in Kapitel 4.

Im hinteren Teil des Buches geht es dann ganz konkret um die praktische Umsetzung: Wie eröffne ich ein Depot, wie schließe ich einen Sparplan ab? Welche Steuern muss ich berücksichtigen? Und mache ich das besser auf meinen Namen oder auf den des Kindes?

Und zu guter Letzt beschäftigen wir uns auch noch mit einem weiteren, ganz wesentlichen Aspekt: der finanziellen Bildung Ihres Kindes. Schließlich ist niemandem geholfen, wenn Sie für Ihren Nachwuchs ein kleines Vermögen aufbauen, dieser es aber schnell wieder verprasst, weil er den Heilsversprechungen dubioser Anlagegurus glaubt. Oder einfach nicht mit Geld umgehen kann. In Kapitel 7 finden Sie umfangreiche Tipps, wie Sie Ihren Nachwuchs in Sachen Finanzen fit machen können.

02

Anlagen unter der Lupe

Zinsen: Solide Basis fürs Sparen

Alle, die für einen Zeitraum von weniger als zehn Jahren sparen, kommen an Zinsanlagen nicht vorbei. Für jeden längerfristigen Vermögensaufbau dienen sie als Stabilitätsanker.

25 Prozent und mehr für eine Zinsanlage? Das klingt wie ein Traum. Zum Beispiel mit einem Konto in ausländischer Währung: Die Türkische Lira bringt derzeit sehr ansehnliche Renditen. Doch der Traum könnte schnell zu einem Albtraum werden. Denn am Finanzmarkt gilt: Hohe Renditen gibt es nur für diejenigen, die bereit sind, hohe Risiken einzugehen.

So ist in der Türkei derzeit auch die Inflation extrem hoch. Daher fällt der Wechselkurs gegenüber dem Euro beständig, die türkische Währung verliert also gegenüber dem Euro schon seit Längerem immer weiter an Wert. Wenn Sie in der Fremdwährung angespartes Geld später zurück in Euro tauschen wollen, laufen Sie also Gefahr, am Ende sogar Verluste zu erzielen. Immer dann nämlich, wenn die hohen Zinsen den Verfall der Fremdwährung nicht wettmachen können. Ein solches Investment ist also eine Wette darauf, wie sich die Lage in der Türkei entwickelt.

Genau so etwas sollten Sie für Ihre Zinsanlagen meiden – besonders, wenn Sie für Ihren Nachwuchs anlegen. Denn im Spannungsfeld zwischen Rentabilität, Sicherheit und Verfügbarkeit (siehe Seite 14) zeigen Zinsanlagen vor allem bei den beiden letzten Eigenschaften Stärke. Wer stets rasch an sein Geld kommen möchte oder mehr Stabilität für sein Gesamtvermögen sucht, kommt leider nicht umhin, bei der Rendite Abstriche zu machen und sollte dafür aber ein möglichst hohes Maß an Sicherheit anstreben.

RENDITE IST NICHT GLEICH ZINSEN: Zinsen sind die Summe – in Prozent angegeben –, die ein Schuldner seinem Gläubiger für sein geliehenes Geld bezahlt. Die Rendite umfasst die gesamte Wertentwicklung einer Anlage und wird ebenfalls in Prozent angegeben. Sie enthält auch die Gewinne oder Verluste aus der Preisentwicklung der Geldanlage, wie Kursveränderungen bei Wertpapieren.

Verschiedene Wege führen in den Zinsmarkt

Grundsätzlich gibt es drei Arten von Zinsanlagen. Zum einen Einlagen auf Konten, für die Sie Erträge bekommen. Das können – wie bei Tagesgeld – variable Zinsen sein, die sich mit der Lage an den Finanzmärkten ändern können. Oder fest vereinbarte Zinssätze wie bei Festgeld oder Sparbrief, bei dem Sie das Geld für eine festgelegte Zeit binden. Beide Sparformen sind weit verbreitet und eine gute Basis für viele Strategien.

Der zweite Weg führt über Wertpapiere wie Anleihen. Mit einer Anleihe geben Sie einem konkreten Schuldner – einem Staat oder einem Unternehmen zum Beispiel – einen Kredit. Sie bekommen dafür ein Wertpapier, mit dem alle Vereinbarungen zu Zinsen und Rückzahlungen geregelt sind. Dieser Schuldner wird Emittent genannt. Anleihen sind in der Regel liquide, das heißt, Sie können die Papiere jederzeit – meist sogar über die Börse – verkaufen. Sie sind aber nicht vollkommen sicher, weil der Kurs schwankt. Wenn der Emittent zum Beispiel in wirtschaftliche Schwierigkeiten gerät, wird der Wert seiner Anleihen sinken. Oder auch, wenn sich die Zinsen ändern. Besitzen Sie ein Papier mit 2 Prozent Verzinsung, können Sie es nur mit Kursabschlägen verkaufen, wenn es inzwischen anderswo 4 Prozent gibt. Bei Anleihen auf ausländische Währungen kommt noch ein Wechselkursrisiko dazu.

Wegen der Gefahr, einen wirtschaftlich wackeligen Emittenten zu erwischen, sind einzelne Anleihen für die Geldanlage für Kinder nicht empfehlenswert. Eine Ausnahmestellung haben die Anleihen des deutschen Staates, die international als besonders sicher gelten. Das sorgt für lebhafte Nachfrage von professionellen Anlegern – und damit für wenig attraktive Renditen, die oft spürbar unter den Zinsen auf Tagesgeld liegen.

Anleihen-ETF können interessant sein

Der dritte Weg an den Zinsmarkt führt über Finanzprodukte wie Rentenfonds oder Anleihen-ETF. (Näheres zur Konstruktion solcher Produkte finden Sie ab Seite 34.) Sie werden von Fondsgesellschaften oder anderen Finanzinstitutionen angeboten und verbriefen einen Anteil an einem Anleihepaket oder einer Reihe von anderen Zinsanlagen. Für die Verwaltung dieses Anleihepakets verlangt der Anbieter eine Gebühr – bei ETF ist sie vergleichsweise niedrig, bei aktiv gemanagten Fonds kann sie auch höher ausfallen. Je nachdem, wie die Konditionen ausgestaltet sind, können solche Anteile zwar in der Regel ständig verkauft werden, auch hier kommt es aber zu Kursschwankungen – vor allem bei Produkten mit langlaufenden Anleihen, die besonders stark auf Zinsänderungen reagieren. Für Sparer mit einem Zeithorizont von weniger als zehn

Jahren können Anleihen-ETF dennoch interessant sein, vor allem solche, die kurzfristigere Papiere beinhalten, Denn sie bringen in der Regel höhere Renditen als eine Einlage bei der Bank und haben ein überschaubares Kursrisiko. Eine Auswahl geeigneter Anleihen-ETF gibt es auf Seite 156.

Bausparen ist wenig attraktiv

Bausparkassen werben oft mit der staatlichen Wohnungsbauprämie, die jugendliche Sparer ab 16 Jahren auf Antrag erhalten. Das kann die mageren Zinsen aufpeppen, allerdings gibt es die Förderung nur für bis zu jährlich 700 Euro Sparleistung – maximal sind das 70 Euro im Jahr. Zudem muss der Vertrag mindestens sieben Jahre angespart werden. Die Prämie fällt weg, sobald die sparende Person mehr als 35 000 Euro im Jahr verdient. Immerhin dürfen junge Bausparer unter 25 später das angesparte Bausparguthaben inklusive Prämie frei verwenden, zum Beispiel zur Finanzierung des Führerscheins. Nachteile sind die lange Bindungsdauer eines Bausparvertrags, für den jährlich die Rate aufgebracht werden muss, die geringe Flexibilität und die mauen Renditeaussichten. Die Abschlusskosten von bis zu 1,6 Prozent und jährliche Kontoführungsgebühren drücken die Sparrendite erheblich.

Manche Sparbriefe haben steuerliche Fallstricke

Sparbriefe oder Sparkassenbriefe nehmen eine Stellung zwischen einer klassischen Kontenanlage und einem festverzinslichen Wertpapier ein. Sie können eine Alternative sein, wenn Geld zu einem festen Zinssatz angelegt werden soll. Allerdings sind Sparbriefe wenig flexibel, da sie nicht vorzeitig aufgelöst werden können. Und sie sind in der Regel nicht so attraktiv verzinst, dass sich eine längere Bindung lohnt. Sie werden nicht an der Börse gehandelt, sondern von der Bank direkt an Kunden verkauft. Es gibt sie mit verschiedenen Laufzeiten. Sparer müssen sie am Ende der Laufzeit nicht kündigen. Das Kapital wird automatisch zurücküberwiesen. Bei einigen Sparbriefformen werden die Zinsen nicht jährlich, sondern am Ende der Laufzeit auf einen Schlag ausgezahlt. Das kann dazu führen, dass der Sparerfreibetrag (siehe Seite 83) überschritten wird und Steuern darauf anfallen. Einige Sparbriefe zahlen auch keine Zinseszinsen, sondern nur die Zinsen auf den ursprünglichen Betrag.

Oft ist Tages- oder Festgeld sinnvoll

Am einfachsten und flexibelsten sind direkte Zinsanlagen bei der Bank – zum Beispiel mit einem Tagesgeldkonto oder mit Festgeld. Sollte die Zinsanlage als Stabilitätsbaustein Ihrer langfristigen Geldanlage dienen, ergibt es wenig Sinn, hier ein Risiko für mögliche höhere Erträge in Kauf zu nehmen. Stattdessen können Sie einen höheren Aktienanteil wählen – denn hier sind die langfristigen Renditechancen viel attraktiver.

SPEZIELLE KINDERGIROKONTEN: Mit teilweise attraktiven Konditionen, aber nur für kleine Beträge, bieten vor allem Sparkassen und Raiffeisenbanken diese Konten an. Die Banken kombinieren dabei ein kostenloses Kindergirokonto mit einer Verzinsung von Guthaben bis zu 500 oder 1000 Euro. Prüfen Sie gut, wie die Konditionen genau sind und ob sich ein solches Konto lohnt. In der Regel wird das nur der Fall sein, wenn Sie ohnehin ein Girokonto für den Nachwuchs eröffnen wollen. Und Vorsicht: Ab festgelegter Altersgrenze werden diese Konten oft automatisch auf normale Konditionen mit Kontoführungsgebühren umgestellt.

Ein Tagesgeldkonto hat viele Vorteile. Anders als bei einem fixen Sparplan bleiben Sie hiermit äußerst flexibel. Geld auf einem Tagesgeldkonto ist sicher, weil es kein Kursrisiko gibt. Sie können es mit einem Dauerauftrag monatlich besparen, Einmaleinzahlungen tätigen oder auch jederzeit Geld fürs Kind entnehmen. So ist das Tagesgeldkonto eine gute Möglichkeit, den Sicherheitsbaustein für den langfristigen Vermögensaufbau Ihres Kindes zu bilden. Die Verzinsung, die Sie darauf bekommen, ist variabel, der Anbieter kann sie also jederzeit – je nach Marktlage – erhöhen oder senken.

Höhere Zinsen bekommen Sie üblicherweise auf einem Festgeldkonto. Anders als beim Tagesgeldkonto ist der Satz beim Festgeld über die gesamte Laufzeit garantiert. Viele Kreditinstitute bieten standardisierte Laufzeiten von einem Monat bis zu zehn Jahren an. Je länger die Laufzeit, desto höher sind oftmals die Zinsen. Das gibt Planungssicherheit, bedeutet aber auch, dass Sie während der Laufzeit nicht über Ihr Geld verfügen können. Sollten die allgemeinen Marktzinsen steigen, können Sie während der Laufzeit leider nicht in eine nun besser verzinste Anlage umschichten. Umgekehrt sind Sie fein raus, wenn die Zinsen sinken.

Bei Festgeldanlagen mit mehrjähriger Zinsbindung sollten Sie darauf achten, dass Zinsen möglichst zeitnah ausgezahlt und dem Anlagekonto gutgeschrieben werden, um im nächsten Jahr mitverzinst zu werden. Nur dann wirkt der Zinseszinseffekt. Zudem werden die Zinszahlungen dadurch jährlich steuerpflichtig. So können Sie steuerliche Freibeträge (mehr dazu siehe Seite 83) dann jedes Jahr ausnutzen.

Und denken Sie daran: Sie müssen Festgelder üblicherweise einige Zeit vor Fälligkeit kündigen. Anderenfalls kann es passieren, dass die Bank oder Sparkasse das Geld für die gleiche Laufzeit noch einmal anlegt. Die Banken nennen das „Prolongation". Die neuen Konditionen können viel schlechter sein, und Sparer kommen womöglich lange Zeit nicht an ihr Geld. Daher sollten Sie bei Vertragsabschluss klären, wie die Kündigungsbedingungen der Bank aussehen.

Aktien: Langfristige Renditebringer

Es hat sich herumgesprochen: Aktien bringen auf Dauer wesentlich höhere Renditen als Zinsanlagen. Das sollten Sie nutzen, wenn Sie genug Zeit haben, Crashs auszusitzen.

Stellen Sie sich vor, Sie hätten eine Reihe kluger Vorfahren gehabt, die im Jahr 1900 genau 100 US-Dollar an der Wall Street in New York angelegt hätten. Über Generationen wurde dieses Geld nicht abgezogen, und die Dividenden wurden immer neu investiert. Damit wären die ursprünglichen 100 Dollar bis zum Jahr 2022 im Durchschnitt auf ein Vermögen von sage und schreibe 7021100 Dollar gewachsen. Das haben die britischen Wissenschaftler Elroy Dimson, Paul Marsh und Mike Staunton ausgerechnet. Hätten sich Ihre Ahnen für langlaufende Anleihen entschieden, wären daraus im selben Zeitraum im Durchschnitt 26900 Dollar geworden, mit kurzfristigem Zinsen gerade einmal 2500 Dollar.

Die Inflation hinterlässt natürlich über die lange Zeit deutliche Spuren. Die Kaufkraft, die 1 US-Dollar im Jahr 1900 hatte, entspricht heute etwa derjenigen von 35 Dollar. Mit Aktien wäre damit dennoch ein Vermögen entstanden, dessen Kaufkraft etwa 2000-mal so hoch läge wie das der ursprünglichen 100 Dollar. Mit langfristigen Anleihen wäre die Kaufkraft gerade mal 7,8-mal so hoch, mit kurzfristigen Zinsanlagen hätte sie sich in 120 Jahren nicht einmal verdoppelt. Ein gewaltiger Unterschied, der auch in anderen Ländern ähnlich ausgefallen wäre. In

Deutschland ist der Vorsprung von Aktien sogar noch deutlicher, da die Zeit der Hyperinflation in den 1920er-Jahren in Anleihen angelegtes Kapital und Bankguthaben vollkommen vernichtet hat. Die Aktienkurse waren dagegen mit der Inflation gestiegen. Zwei Weltkriege, Pandemien, Wirtschaftskrisen, einige Crashs und der Kalte Krieg – die vielen Katastrophen konnten der Börse auf Dauer nichts anhaben. Und das ist keine Laune der Geschichte, sondern hat systematische Gründe.

Aus Kapital mehr Erträge machen, das funktioniert eben nur mit wirtschaftlichen Aktivitäten. Und die finden nun mal in Unternehmen statt: Sie investieren das Kapital in Gebäude, Maschinen, Personal, IT oder was immer für ihr Geschäftsmodell notwendig ist, stellen Produkte her und verkaufen sie und haben am Ende, wenn alles planmäßig verläuft, Erträge *er-wirtschaftet* – im wahrsten Sinn des Wortes. Alle Renditen dieser Welt gehen letzten Endes auf wirtschaftliche Aktivitäten in Industrie, Handwerk, Dienstleistungen oder Landwirtschaft zurück. Steuereinnahmen werden daraus gespeist, Löhne gezahlt, Wohlstand geschaffen.

Den ganzen Kuchen bekommen

Aktien sind der Weg, direkt an diesen Wertsteigerungen teilzuhaben, ohne dass jemand einen Teil der Unternehmensgewinne abzweigt, wie es bei jeder Zinsanlage der Fall ist. Auch bei der ganz direkten Finanzierung von Unternehmen – einer Unternehmensanleihe – will die Firma mit dem geliehenen Geld ein Geschäft finanzieren, bei dem der erwartete Gewinn höher liegt, als es die Zinskosten sind. Ein Stück des Kuchens will das Unternehmen hier also behalten.

Versicherungen legen zwar auch in Aktien an, allerdings mit einer relativ geringen Quote. Sie schreiben zudem dann auch nur den Teil der Rendite den Kunden gut, der nach Verwaltungsaufwand, Risikokosten und eigenem Gewinn übrig bleibt. Und bei Bankanlagen wird der Ertrag gleich doppelt geschmälert: Denn Banken vergeben einen Teil der Spargelder als Kredite an Unternehmen. Die Firmen wollen – wie bei einer Finanzierung über Unternehmensanleihen – einen Teil der Gewinne behalten. Und gleichzeitig zweigt auch die Bank ihre Verwaltungskosten und einen eigenen Gewinn ab.

Als Aktionär steht Ihnen dagegen Ihr kompletter Gewinnanteil zu, denn Ihnen gehört ein Teil des Unternehmens. Diesen Anteil bekommen Sie entweder ganz oder teilweise als Dividende ausgeschüttet. Oder das Unternehmen behält den Gewinn ein – im Fachjargon: „thesauriert" – und wird dadurch wertvoller. Das lässt dann über kurz oder lang den Kurs steigen und erhöht damit den Wert Ihrer Geldanlage. Und noch

Vermögensmacher Aktien

Die Wissenschaftler Elroy Dimson, Paul Marsh und Mike Staunton untersuchen regelmäßig den langfristigen Erfolg verschiedener Anlageformen in den USA seit 1900. Mit eindeutigem Ergebnis: Große Vermögen wurden in den vergangenen 120 Jahren mit Aktien gemacht. Lang- und kurzfristige Zinsanlagen sind weit abgeschlagen. Aus 100 US-Dollar wären zwischen 1900 und 2022 geworden ...

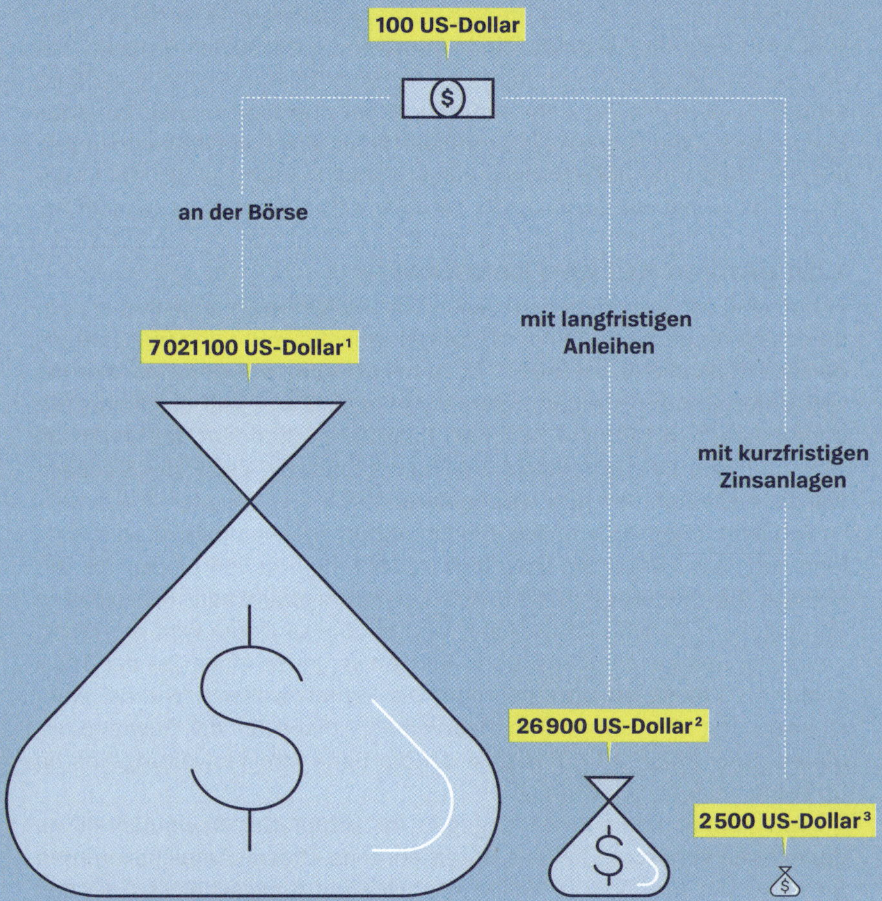

[1] Inflationsbereinigt entspricht das mehr als 200 000 US-Dollar.
[2] Inflationsbereinigt bleiben 780 US-Dollar.
[3] Inflationsbereinigt 170 US-Dollar, also nicht einmal das Doppelte des Einsatzes.

einen großen Vorteil gegenüber Zinsanlagen haben Aktien: Sie gelten als Sachwerte und bieten daher einen guten Schutz vor Inflation: Denn steigen die Preise, steigt einerseits auch der Wert des materiellen Anlagevermögens der Unternehmen – also aller Gebäude, Maschinen oder des Fuhrparks. Andererseits wird in der Regel auch der Gewinn zulegen, denn Inflation bedeutet ja, dass Unternehmen höhere Preise für ihre Güter und Dienstleistungen verlangen. Das wird im Einzelfall mal mehr oder weniger gut die steigenden Kosten auffangen oder gar übertreffen – im Durchschnitt und auf Dauer werden sich die Gewinnmargen halten.

Die Börse übertreibt meistens

Die Sache hat allerdings einen Haken. Weil Inflation immer auch eine schlechte Nachricht für Unternehmen bedeutet, werden die Aktienkurse am Beginn stärkerer Preissteigerungen erst einmal höchstwahrscheinlich sinken. Denn höhere Preise, die steigende Kosten ausgleichen, sind nicht immer zeitnah durchzusetzen. Und mit den Preisen steigen in der Regel auch die Zinsen. Die Finanzierung von Investitionen und dem Geschäftsbetrieb wird wegen inflationsbedingt steigender Zinsen teurer und schmälert den Gewinn. Und die Kaufkraft der Kunden sinkt.

Die Börse reagiert dann vermutlich wie immer: zunächst deutlich stärker als die reale Entwicklung. Wie Herr und Hund seien Wirtschaft und Börse, hat der legendäre Börsenkenner André Kostolany dieses Phänomen einmal genannt. Beide sind in der gleichen Richtung unterwegs. Während der Herr – also die Wirtschaft – lediglich mal ein wenig langsamer, mal ein bisschen schneller geht, bleibt der Hund – die Börse – oft weit zurück, um dann mit einem Sprint weit voraus zu laufen. Die gute Nachricht: Die Übertreibungen gleichen sich mit der Zeit aus. Denn Herr und Hund gehen die gleiche Strecke.

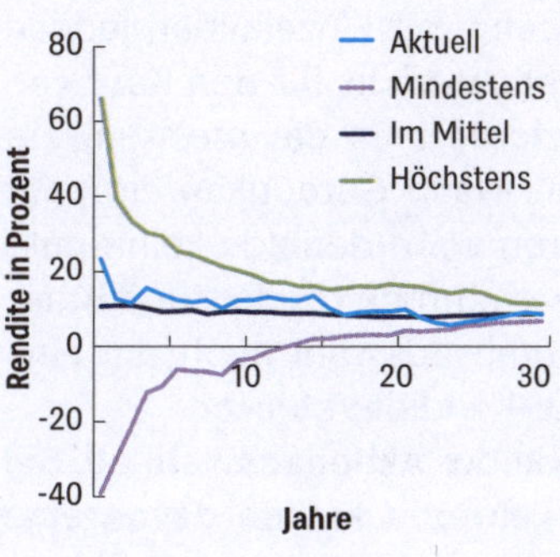

WACHSEN UND GEDEIHEN: Kurzfristig ist die Börse ein Glücksspiel, langfristig werden die Renditen ansehnlich. Wer nur für ein Jahr in den MSCI World investiert hätte, hätte vielleicht mehr als 60 Prozent Rendite erreicht. Oder auch – wie 2008 während der Finanzkrise – ein Minus von etwa 40 Prozent. Nach einer Haltedauer von 13 Jahren wären alle aber immer im Plus gewesen.

Fonds und ETF: Die Risikobremser

Wer ertragreich für den Nachwuchs sparen will, kommt an Investmentfonds nicht vorbei. Besonders die kostengünstigen ETF sind attraktiv und bequem.

Aktionär zu sein kann sehr erfreulich sein: wenn das Unternehmen blüht und gedeiht. Es kann aber auch die Hölle sein. Die Anteilseigener von Wirecard zum Beispiel können ein Lied davon singen. Als vor einigen Jahren klar wurde, dass der Zahlungsdienstleister, der es bis in den Dax geschafft hatte, Bilanzbetrug im großen Stil betrieben hatte, verloren die Aktien rasant an Wert – und die Aktionäre ihr gesamtes Kapital.

Weil Sie als Aktionärin oder Aktionär Eigentum an einem Unternehmen erwerben, haben Sie zwar Rechte, wie die Mitsprache auf der Hauptversammlung. Allerdings gibt es keine Garantien. Weder die, dass Dividenden gezahlt werden, noch dass es überhaupt Unternehmensgewinne und Kurssteigerungen gibt, und im schlimmsten Fall nicht einmal, dass das Unternehmen nicht bankrottgeht. Geht es pleite, ist Ihr Geld ganz oder zumindest größtenteils weg. Einzelaktien sind daher als Geldanlage für Kinder in der Regel ungeeignet.

Wer allerdings nicht Anteile an einem, sondern an vielen Unternehmen gleichzeitig erwirbt, verringert die negativen Auswirkungen, die ein oder auch mehrere Verlierer im Depot verursachen. Solange die Wirtschaft insgesamt expandiert, wird es mehr Unternehmen geben, die wachsen und gedeihen, als solche, die in Schwierigkeiten rutschen. Für Privatpersonen ist eine ausreichende Streuung mit Einzelaktien jedoch fast immer unmöglich – da das Kapital schlicht nicht für den Kauf von Hunderten Papieren ausreicht. Auch überfordert es die meisten, ein sinnvolles Aktiendepot zusammenzustellen. Nach Gutdünken ein paar börsennotierte Unternehmen zu kombinieren wäre definitiv keine gute Idee. Erstens erhält man damit kaum eine vernünftige Länder- und Branchenstreuung, zweitens könnten in der Zufallsauswahl auch die eine oder die andere Lusche oder sogar ein Pleite-Kandidat stecken.

Investmentfonds nehmen Ihnen die Mühe der Aktienauswahl ab. Sie sammeln das Kapital von vielen Anlegern ein und kaufen davon eine

Vielzahl von Aktien. An diesem Aktienpaket haben die Anleger und Anlegerinnen je nach Höhe ihrer Geldeinlage einen festgelegten Anteil. Investmentfonds bieten also die Möglichkeit, sich mit vergleichsweise kleinen Beträgen an einem ganzen Korb von Aktien zu beteiligen.

Und sie bieten ein hohes Maß an rechtlicher Sicherheit. In Deutschland zugelassene Investmentfonds unterliegen strengen gesetzlichen Vorgaben. Besonders wichtig ist dabei: Die Wertpapiere, die die Fondsgesellschaft hält, gelten als Sondervermögen. Das bedeutet, dass sie auch dann noch geschützt sind und Ihnen gehören, wenn es zu einer Pleite der Bank oder Investmentgesellschaft käme.

Große Auswahl

2024 führte Finanztest in seiner Datenbank mehr als 30 000 Fonds, die Anleger in Deutschland kaufen können. Rund 90 Prozent davon sind aktiv gemanagte Investmentfonds. Das bedeutet, dass ein Fondsmanagement über die Auswahl und Zusammensetzung der Wertpapiere im Fondsvermögen entscheidet. Dafür hat das Fondsmanagement in der Regel Vorgaben, beispielsweise nur Aktien aus Industrieländern oder Unternehmensanleihen aus Europa für das Fondsvermögen zu kaufen.

Das Konzept hat allerdings zwei Nachteile: Zum einen entscheiden hier Menschen, wie viel von welcher Aktie in den Korb kommt. Und die können auch einmal danebenliegen. Als Käufer eines gemanagten Fonds sollte man deshalb regelmäßig kontrollieren, ob dieser (noch) gut läuft. Zum anderen werden diese Menschen, die in einer Fondsgesellschaft arbeiten, in der Regel sehr gut bezahlt. Die jährlichen Gebühren für einen aktiv gemanagten Investmentfonds können daher sehr hoch ausfallen. Das schmälert die Renditen spürbar und frisst den Vorteil oft auf, den ein gutes Management eventuell erwirtschaftet. Aktiv gemanagte Fond können dennoch in einigen Fällen das Mittel der Wahl sein: wenn jemand in ganz spezielle Märkte investieren will, die eine besondere Expertise erfordern, einzelne exotische Länder etwa. Solche Fonds sollten allerdings immer nur eine kleine Ergänzung in einem breit angelegten Depot sein. Aktiv gemanagte Investmentfonds können für Sie interessant sein, wenn Sie für Ihren Nachwuchs besonders sicheren Umwelt- und Nachhaltigkeitsstandards folgen wollen.

ETF orientieren sich an einem Index

Auch ein ETF ist ein Fonds. Er wird an der Börse gehandelt – ETF steht für Exchange Traded Fund (also börsengehandelter Fonds). Anders als bei aktiv gemanagten Fonds stehen die Auswahl und die Anteile einzelner

So funktioniert ein ETF

ETF sind eine geniale Anlage. Mit wenig Geld kann man breit gestreut an der Börse investieren, weil man sich am großen Fondstopf beteiligt. ETF sind zudem kostengünstig, da sie einem klar definierten Standardrezept folgen.

Indexanbieter

Ein Indexanbieter, wie etwa die Firmen MSCI, S&P et cetera, erstellt einen Index, zum Beispiel für weltweite Aktien. Dabei legt er fest, welche Titel zu welchem Anteil aufgenommen werden, er schreibt sozusagen das Rezept für den Index. Meist orientieren sich Anbieter an der Marktkapitalisierung. Heißt: Ein Unternehmen, von dem viele Aktien zu einem hohen Preis an der Börse gehandelt werden, hat ein entsprechend hohes Gewicht, kleine Firmen ein niedrigeres.

Fondsgesellschaft

Eine Fondsgesellschaft baut ein Vermögen nach dem Rezept des Anbieters auf. Im Topf landen Wertgegenstände (wie Aktien, Anleihen oder Gold) zu dem Anteil, der im Index vorgesehen ist. Bei breit gestreuten Indizes wie dem MSCI World sind mehr als 1400 Einzelaktien im Fondstopf.

Anlegerin/Anleger

Mit dem Kauf eines ETF erwerben Sie als Anleger oder Anlegerin Anteile am Fondstopf. Da dieses Geld als Sondervermögen gesetzlich geschützt ist, bleiben die Anteile in Ihrem Eigentum, auch im Fall einer Pleite der Fondsgesellschaft. Der Wert Ihres Anteils entwickelt sich parallel zum Index.

Wertpapiere am Fondsvermögen von vornherein fest. Die Zusammensetzung des Fondsvermögens folgt einfach der eines Index, zum Beispiel einem Aktienindex. Die bekanntesten davon sind wohl der amerikanische Dow Jones, mit ganzem Namen Dow Jones Industrial Average, und hierzulande der Dax. In ihnen ist eine festgelegte Anzahl von Aktien enthalten, die nach bestimmten Kriterien verschieden hohe Anteile im Index haben. Oft orientiert sich der Indexanbieter dabei an der Marktkapitalisierung. Die ermittelt man, indem man die Zahl der frei gehandelten Aktien mal ihrem Kurs nimmt. Ein Unternehmen, von dem viele Aktien zu einem hohen Preis an der Börse gehandelt werden, hat dann ein hohes Gewicht, kleinere Firmen ein entsprechend niedrigeres.

In regelmäßigen Abständen werden die Mitglieder des Index überprüft. Firmen, die bestimmte Kriterien nicht mehr erfüllen, werden aussortiert und Aufsteiger aufgenommen. Damit wird sichergestellt, dass der Index auch über längere Zeit eine Liste der wichtigsten Unternehmen an einem festgelegten Aktienmarkt bleibt. Ausgerechnet Dax und Dow Jones eignen sich aber nicht besonders für ein Basisinvestment für Privatanleger. Denn sie enthalten zu wenige Aktien und die auch nur aus jeweils einem Land. Wer einen Grundstock für seine Vermögensbildung sucht, sollte so breit wie möglich investieren – weltweit zum Beispiel mit dem MSCI World Index, den wir ab Seite 42 genauer vorstellen.

ETF sind für Kinder optimal

ETF sind für viele Anlagestrategien geeignet – und damit auch für alle längerfristigen Geldanlagen für Kinder. Denn ETF haben viele Vorteile:

Niedrige Kosten. Bei globalen Aktien-ETF liegen die Gebühren bei nur etwa 0,2 bis 0,5 Prozent pro Jahr. Die Kosten aktiv gemanagter Weltaktien-Fonds betragen dagegen meist zwischen 1,5 und 2 Prozent pro Jahr. Dieser Unterschied hat langfristig enorme Auswirkungen auf die Rendite. Nach verschiedenen Studien schafft es nur ein kleiner Teil der aktiv gemanagten Fonds, nach Kosten mehr Erträge zu erzielen als ein ETF mit einem vergleichbaren Anlageziel – selbst wenn die Bilanz kurzfristig etwas besser aussieht. Auch die Kaufkosten sind bei ETF gering. Es gibt keinen Ausgabeaufschlag wie bei Fonds. Bei manchen Banken und Brokern zahlt man für den Kauf (fast) nichts an Gebühren (siehe Seite 118).

Transparenz. Bei einem ETF bestimmt der zugrunde liegende Index, welche Vermögenswerte in das Fondsvermögen kommen. Anleger müssen daher nicht regelmäßig überprüfen, wie gut oder schlecht das

Fondsmanagement arbeitet. Die Zusammensetzung und Entwicklung von Indizes sind leicht nachzuvollziehen: Im Internet auf den Seiten der ETF- oder Index-Anbieter sind aktuelle Daten stets abrufbar.

Flexibilität. Besonders Aktien-ETF sind ideal für die langfristige Vermögensbildung für Ihren Nachwuchs. Sie können sie mit kleinen Sparraten erwerben oder ein großes Vermögen auf einmal investieren. Und sie lassen sich auch im Handumdrehen wieder zu Geld machen. Sie können Ihre ETF-Anteile zu den Börsenhandelszeiten in kürzester Zeit verkaufen, genau wie Sie jederzeit unerwartete Einnahmen oder Geldgeschenke für die Kinder hinzufügen können.

Produktvielfalt. Das Angebot an ETF wächst rasant, auch im Verhältnis zu aktiv gemanagten Fonds. Gab es Anfang 2010 nur rund 700 ETF in Deutschland, sind es mittlerweile knapp 2800. Es gibt ETF nicht nur für Aktien, sondern auch für Zinsanlagen (Renten-ETF) oder etwa Rohstoffe. Da ist für jede Anlageidee etwas dabei. Wer ein individuelles Aktiendepot aus unterschiedlichen Ländern, Branchen oder Strategien zusammenstellen will, kann das mit ETF hervorragend umsetzen.

Verzichtbare Anlagen

Für alle, die mehr Zeit und Energie in den Vermögensaufbau für den Nachwuchs stecken wollen, gibt es ergänzend Anlagemöglichkeiten, die aber kein Muss sind.

Für den legendären Investor Warren Buffett gibt es nur zwei Arten von Geldanlagen: „produktive“ und „tote“. Produktiv sind natürlich Unternehmen, die Landwirtschaft und auch Immobilien. Denn sie erzielen unabhängig von der Stimmung an den Finanzmärkten laufende Einnahmen. „Tote“ Anlageformen machen das nicht: Bargeld, Gold und andere Edelmetalle, Rohstoffe, Kunst, Währungen und übrigens auch Bitcoins zu kaufen bringt erst einmal keine Erträge. Davon profitieren Anleger nur, wenn sie diese Geldanlagen an den Märkten später zu höheren Preisen verkaufen können.

Anleger, die sich an Rohstoffe oder Kryptowährungen wagen, sollten also vor allem eines tun: die Wertentwicklung an den jeweiligen Handelsplätzen im Auge behalten. Das ist für manchen kein Aufwand, sondern Vergnügen. Und ertragreich kann es auch werden. Anleger müssen aber – je nach Wertgegenstand – die Risiken beachten.

Gold hat eine Sonderfunktion

Eine besondere Rolle in der Finanzwelt hat Gold: Es gilt als Zuflucht in schlechten Zeiten. Bei großen Krisen verkaufen viele Anleger Aktien oder Zinsanlagen und stecken ihr Geld in das Edelmetall. Daher steigt sein Wert oft, wenn die Aktienkurse einbrechen. Das wirkt sich stabilisierend auf eine Geldanlage aus. Allerdings sind die historischen Renditen von Gold niedriger als die von Aktien. Gold ist somit zwar kein Muss für Anlegende, kann aber eine Vermögensanlage ergänzen. Finanztest empfiehlt allerdings nicht mehr als 10 Prozent Gold beizumischen. Auf keinen Fall taugt Gold als Ersatz für Zinsanlagen. Auch der Goldpreis kann stark schwanken, außerdem bringt das Edelmetall keine laufenden Einnahmen in Form von Zinsen oder Dividenden.

Manche Anleger wollen Gold tatsächlich dinglich besitzen. Das hat den Vorteil, dass man immer eine Reserve „griffbereit" hat, die man im Fall der Fälle auch mitnehmen kann. Physisches Gold gibt es meist in Form von Barren oder Münzen. Bei höheren Beständen sollten diese aber sicher verwahrt werden, was zu Folgekosten führt, etwa für einen hochwertigen Tresor oder ein Bankschließfach. Beim Kauf von Barren oder Münzen müssen Anlegende mehr oder weniger hohe Aufschläge auf den aktuellen Goldkurs hinnehmen: Je geringer ihr Gewicht, desto teurer wird der Kauf. Bessere Preise bekommt, wer Gold in Form von Wertpapieren erwirbt. Sogenannte Gold-ETC sind preiswert, einfach zu kaufen und zu verkaufen und lassen sich perfekt in ein Wertpapierdepot einbauen. Gold-ETC gibt es auch als Sparplan. Neben seriösen Anbietern tummeln sich in diesem Geschäft allerdings auch solche, die Anlegern stark überhöhte Kosten aufbürden. Anleger und Anlegerinnen sollten die Konditionen gut prüfen.

Der bekannteste und größte Gold-ETC, Xetra-Gold, hatte Ende 2023 ein Vermögen von rund 12 Milliarden Euro. Xetra-Gold lässt die Auslieferung von Barren zu, allerdings nur an eine Bankfiliale, nicht an Privatadressen. Kunden von reinen Onlinebanken müssen sich deshalb selbst eine Bank suchen, die zur Lagerung des Goldes bereit ist.

ETC – EXCHANGE TRADED COMMODITIES: ETC funktionieren wie ETF, nur eben für Commodities, also Rohstoffe. Mit einem großen Unterschied: Bei diesen Wertpapieren wird kein Sondervermögen gebildet, es ist also weniger sicher. Finanztest achtet daher bei der Auswahl von Gold-ETC darauf, dass die ETC zumindest mit Barren hinterlegt sind, die sich Anlegende auf Wunsch jederzeit liefern lassen können. Dabei sollten sie aber Bedingungen und Kosten beachten.

Aus steuerlicher Sicht weist Gold einige Besonderheiten auf. Zum einen ist der Goldkauf von der Mehrwertsteuer befreit. Für andere Edelmetalle gilt diese Freistellung nicht. Bei der Versteuerung von Gewinnen verkaufter Münzen oder Barren gibt es hingegen keinen Unterschied zwischen Gold, Silber und Platin: Wenn zwischen Kauf und Verkauf mehr als ein Jahr vergangen ist, bleiben die Gewinne steuerfrei, Verluste sind dann auch reine Privatsache. Der Bundesfinanzhof (BFH) hat festgestellt, dass Kursgewinne bei Gold-ETC, die einen Anspruch auf Lieferung von Gold verbriefen, nicht unter die Abgeltungssteuer (siehe Seite 83) fallen. Es geht dabei um Produkte, die mit Goldbarren hinterlegt sind. Dabei spielt es keine Rolle, ob man sich das Gold ausliefern lässt oder Anteile mit Gewinn über die Börse verkauft.

Andere Rohstoffe sind nur bedingt geeignet

Auch andere Rohstoffe als Gold gelten als eigene Anlageklasse. Sie entwickeln sich oft unabhängig von der Börse und können ein breit aufgestelltes Depot mit Aktienfonds und Zinsanlagen ergänzen. Ein Fass Rohöl oder 20 Schweinehälften will allerdings vermutlich niemand physisch daheim lagern, daher sind ETC hier das Mittel der Wahl.

Rohstoff-ETC bilden entweder ganz breite Indizes ab wie etwa den Bloomberg Commodity Index. Der enthält knapp 30 Prozent Öl, Ölprodukte und Gas, 35 Prozent Industrie- und Edelmetalle und etwa 35 Prozent Agrarprodukte. Unter Nachhaltigkeitsgesichtspunkten sind Rohstoff-ETC ungeeignet, auch weil sie an den umstrittenen Spekulationen mit Agrarprodukten beteiligt sind. Es gibt auch ETC, die Agrarprodukte ausschließen, dann ist der Anteil von Öl und Gas aber nochmals höher.

Anlegende können mit ETC auch gezielt auf einzelne Rohstoffarten setzen, was allerdings ein hohes Risiko beinhaltet. Denn die Preise an Rohstoffmärkten schwanken stark. In den vergangenen Jahren liefen die Rohstoff-Indizes zeitweise gut. Das lag vor allem an dem Angriffskrieg Russlands auf die Ukraine und die folgenden Preissprünge bei Energieträger wie Öl und Gas, aber auch einigen Agrarprodukten. Wer Rohstoffe ins Depot nimmt, sollte den Anteil klein halten. Und auf jeden Fall Spaß daran haben, die Entwicklung fortlaufend im Auge zu behalten.

Neben ETC bieten Geldhäuser auch Fonds mit Aktien von Öl-, Bergbau- und Minenkonzernen an. Die Entwicklung dieser Rohstoff-Aktienfonds hängt jedoch nicht nur von den Rohstoffpreisen ab, sondern auch vom Auf und Ab der Aktienmärkte. Im Mix mit anderen Aktienfonds ergibt sich ein geringerer Stabilisierungseffekt als mit Rohstoff-ETC.

Und was ist mit Krypto?

Darüber scheiden sich die Geister, auch in Expertenkreisen: Kryptowährungen und darunter die wichtigste – der Bitcoin – sind für die einen die Zukunft der Geldwirtschaft und ein geniales Investment, für die anderen schlicht Unsinn, von dem Anlegende die Finger lassen sollten.

Bitcoin und andere Kryptowährungen existieren nur virtuell, als digitale Zeichenfolge in einem Computersystem. Bitcoin ins Leben gerufen hat ein gewisser Satoshi Nakamoto im Jahr 2008 – wobei bis heute nicht geklärt ist, wer sich hinter diesem Namen verbirgt. Bitcoin können Sie kaufen, aufbewahren, wieder verkaufen und hierzulande nur ganz selten zum Bezahlen nutzen. Um eine Kryptowährung zu erwerben, tauschen Sie Euro zum Beispiel auf einer Handelsplattform ein und speichern Ihre Coins (also die Einheiten der Währung, die Sie erworben haben) in Ihrer Wallet, einem digitalen Geldbeutel, exakter: Schlüsselbund. Oder Sie lassen die Kryptowährung bei einem Verwahrdienstleister liegen.

Kryptowährungen werden nicht von einer staatlichen Zentralbank herausgegeben, sondern mit einer komplexen Berechnung – der Blockchain – erschaffen. Weil bei Bitcoin die Zahl der „Coins" langfristig beschränkt ist, gilt er vielen als inflationssicher. Weil er unabhängig von Banken – und entsprechender Aufsicht – gekauft, transferiert oder auch verkauft werden kann, ist der Bitcoin seit je bei Kriminellen beliebt. Sie nutzen die Währung, um Drogen oder Waffen zu handeln. Oder sie erpressen Firmen, indem sie Computersysteme lahmlegen, und fordern das Lösegeld in Bitcoins. Hinzu kommt das Risiko, einem Betrug oder Hack zum Opfer zu fallen. Immer wieder werden Fälle bekannt, in denen Anleger viel Kapital verloren haben. Allerdings haben die Behörden mittlerweile die Aufsicht über Plattformen verbessert und mehr Erfolge dabei, Spuren im Netz nachzuverfolgen. Inzwischen lizenziert die Bankenaufsicht Bafin sieben Handelsplattformen und Verwahrdienstleister in Deutschland, mit denen zumindest das Risiko von Betrug weitgehend ausgeschlossen ist.

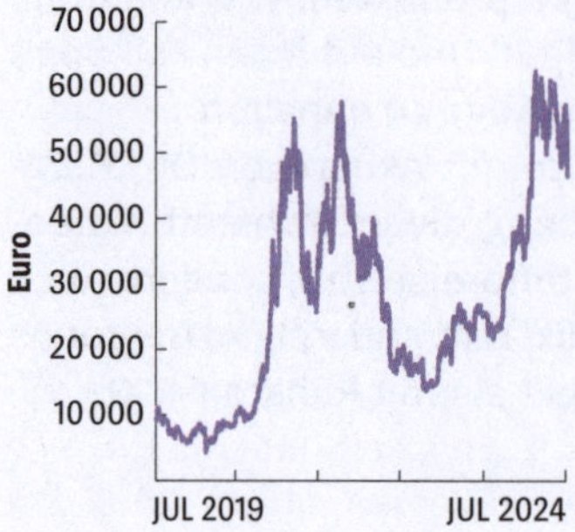

HEFTIGE VERLUSTE, aber auch sagenhafte Gewinne brachte der Bitcoin in der Vergangenheit (hier der Kurs in Euro; Quelle: LSEG, Bitstamp). Nicht im Chart zu erkennen sind die Fälle, in denen ein Betrug oder Hack zum Totalverlust von Anlegern geführt hat. Wer Bitcoin kaufen will, sollte daher unbedingt auf eine seriöse Handelsplattform setzen.

Allenfalls sehr wagemutige Anleger und Anlegerinnen, die sich der extremen Preisschwankungen und Risiken voll bewusst sind, sollten hier ihr Glück versuchen, und das nur mit sehr kleinen Beträgen. Finanztest erachtet alle Kryptowährungen als ungeeignet zur Geldanlage.

Nachhaltig anlegen – Zukunft sichern

Keine Rendite mit Kohle, Kinderarbeit oder Waffen! Wer diesem Motto folgt, investiert in die finanzielle Zukunft der nächsten Generation und kann saubere Renditen erzielen.

Wer Geld für den Nachwuchs spart, kann doppelt Gutes tun: einen Grundstock aufbauen und gleichzeitig soziale und ökologische Kriterien berücksichtigen. So vermittelt das Ersparte eine besondere Wertschätzung für das Leben, die Gemeinschaft und die Umwelt. Werte, die viele Menschen gerne an die nächste Generation weitergeben möchten. Auch die Politik unterstützt nachhaltige Anlagen, weshalb zum Beispiel Finanzberater ihre Kunden heutzutage fragen müssen, ob das Kapital nachhaltig angelegt werden soll. Doch keine Sorge, Sie benötigen keinen Finanzexperten für nachhaltige Anlagen, denn im Grundsatz unterscheiden sich diese von der Struktur her nicht von herkömmlichen. In diesem

Abschnitt erfahren Sie alles Wesentliche, was Sie zu diesem Thema wissen sollten.

Je nachdem, wie stark Sie den Fokus auf Nachhaltigkeit richten, können Sie die Investments ganz einfach bei Ihrer Hausbank oder einem Onlinebroker tätigen und das Geld in nachhaltige Wertpapiere investieren. Viele Banken richten ihr Geschäft nachhaltiger aus oder nehmen Klimaziele stärker in den Fokus. Daneben besteht die Möglichkeit, eine Nachhaltigkeitsbank zu wählen, die ethische, ökologische und soziale Kriterien im Rahmen ihrer gesamten Geschäftstätigkeit beachtet.

Legen Sie Geld für den Nachwuchs bei einer nachhaltigen Bank auf einem Festgeldkonto an, finanziert die Bank mit den Einlagen nachhaltige Projekte. Diese Banken verstehen Nachhaltigkeit als ihr Kerngeschäft und schließen Investments in Kohle, Atomkraft und Waffen aus. Bekannte Adressen sind: Ethikbank, Evenord-Bank, GLS Bank, ProCredit Bank, Steyler Ethik Bank, die niederländische Triodos Bank, Umweltbank sowie evangelische und katholische Kirchenbanken. Allerdings werden teilweise Gebühren erhoben, und das Angebotsspektrum ist begrenzt. So bieten zwar die meisten Nachhaltigkeitsbanken ein Wertpapierdepot an, doch GLS oder Triodos offerieren keine ETF-Sparpläne. Teilweise haben diese Banken eigene nachhaltige Aktienfonds aufgelegt, die aktiv gemanagt werden. Mehr zu den Unterschieden zwischen nachhaltigen ETF und nachhaltigen aktiv gemanagten Fonds finden Sie auf Seite 44. Günstigere Konditionen und ein breiteres Angebot wie Sparpläne auf nachhaltige ETF gibt es bei den klassischen Direktbanken und Onlinebrokern. Sie können also auch diesen Weg wählen und das Geld dort in einen nachhaltigen ETF oder Fonds investieren.

Bevor wir aber in die Details einsteigen und die Anlagemöglichkeiten näher betrachten, richten wir den Blick auf die Performance. Denn viele Kapitalanlegerinnen und -anleger fragen: Lohnen sich nachhaltige Anlagen? Wie sieht es mit den Ergebnissen aus?

Performance spricht für sich

Lange Zeit haftete nachhaltigen Geldanlagen der Ruf an, weniger Rendite zu bringen als herkömmliche Investments, also jene, die ökologische und soziale Kriterien außer Acht lassen. Doch die Fakten sprechen eine andere Sprache. Die Performancedaten der Vergangenheit belegen, dass nachhaltige Aktienanlagen unter dem Strich eine bessere Performance gebracht haben. Wie bei jedem Investment gilt: Das trifft nicht in jedem Jahr und nicht in jedem Vergleichszeitraum zu. Es gibt immer wieder Jahre, in denen sich nachhaltige Anlagen weniger gut entwickeln. Und die künftige Entwicklung lässt sich nicht mit Sicherheit vorhersagen. Langfristig betrachtet – und das ist bei Geldanlagen für den Nachwuchs entscheidend – überzeugt die Performance von nachhaltigen Investments.

Einen realistischen Performancevergleich liefern die Indizes auf den MSCI World. Denn zum einen existiert der marktbreite herkömmliche Aktienindex MSCI World, der die Wertentwicklung von mehr als 1400 Aktien aus 23 Ländern widerspiegelt (mehr zum MSCI World finden Sie auf Seite 55), seit 1986. Zum anderen werden aus diesem „Mutterindex" die Aktien mit den besten Nachhaltigkeitskriterien herausgefiltert und im bekannten Nachhaltigkeitsindex, dem MSCI World SRI Index, abgebildet. Diesen Nachhaltigkeitsindex gibt es seit 2011, die Performancedaten reichen sogar noch weiter zurück, bis ins Jahr 2007.

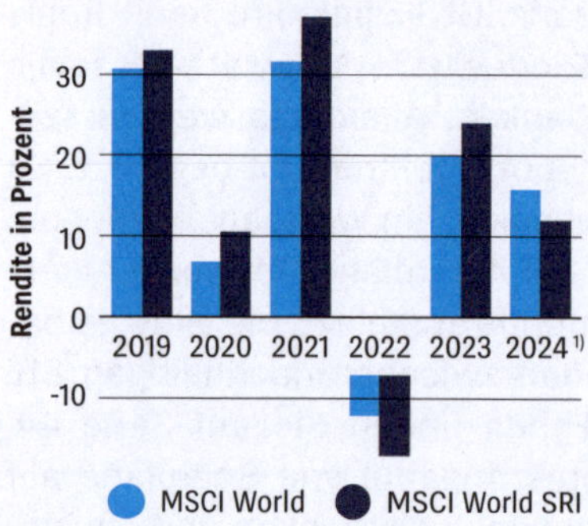

1) 1.1.-31.07.2024

PERFORMANCEVERGLEICH: Die Grafik zeigt die Ergebnisse des MSCI World Index (hell) im Vergleich zu seinem nachhaltigen Pendant (dunkel) in den letzten Jahren. Meist lagen nachhaltige Aktien vorn, doch mit dem Einmarsch Russlands in der Ukraine und dem Nahostkrieg stieg die Nachfrage nach Waffen, weshalb 2022 und 2024 nachhaltige Aktien nicht so gut abgeschnitten haben.

In den vergangenen zehn Jahren (Stand: Ende Juni 2024) legte der klassische MSCI World Index pro Jahr um durchschnittlich 9,73 Prozent zu, der MSCI World SRI Index verbesserte sich dagegen mit einer durchschnittlichen jährlichen Performance von 10,35 Prozent noch stärker. Nicht ganz so hoch war die jährliche Performance im langfristigen Vergleich, aber auch hier liegt der nachhaltige MSCI World SRI Index vorn. Seit dem Start der Indexberechnung Ende September 2007 legte die nachhaltige Indexvariante jährlich um 7,91 Prozent zu, während der marktbreite MSCI World pro Jahr im Schnitt „nur" um 7,30 Prozent kletterte.

Auf Basis dieser Ergebnisse kann man für den Nachwuchs guten Gewissens auch Investments wählen, die auf fossile Energien verzichten, Kinderarbeit ausschließen und nicht in Rüstungskonzerne investieren. Doch was verbirgt sich genau hinter dem MSCI World SRI Index? Wer bestimmt, was nachhaltig ist und was nicht?

Der bekannteste nachhaltige Aktienindex

Vereinfacht gesagt kommen beim MSCI World alle Aktien in einen großen Topf und werden für den nachhaltigen MSCI World SRI Index dann nach festen Kriterien gefiltert. Im ersten Schritt werden zunächst alle Aktien von Branchen ausgeschlossen, die gemäß den Indexregeln nicht als nachhaltig gelten. Im zweiten Schritt werden die verbleibenden Aktien auf ihre Nachhaltigkeit hin untersucht und bewertet. Die Firmen mit den besten Bewertungen innerhalb ihrer Branche werden dann in den Index aufgenommen. Aufgrund der Ausschlüsse und Filterkriterien umfasst der nachhaltige MSCI World SRI Index deutlich weniger Aktien, nämlich „nur" rund 400.

Die Anzahl der Aktien im Index ist nicht starr. Sie verändert sich im Laufe der Zeit, da sowohl die Zusammensetzung des Mutterindex MSCI World regelmäßig überprüft wird als auch die einzelnen Unternehmen im SRI-Index mindestens einmal jährlich auf den Prüfstand kommen und auf ihre Nachhaltigkeit gecheckt werden. Analyse und Bewertung führt ein eigenes Team des Indexanbieters MSCI durch.

ABKÜRZUNGEN ERKLÄRT: MSCI steht für Morgan Stanley Capital International und bezeichnet den renommierten Indexanbieter, der gleichzeitig als Ratingagentur für Nachhaltigkeit aktiv ist. Der Zusatz SRI steht für Socially Responsible Investing (sozial verantwortliches Investment). Eine weitere geläufige Bezeichnung für nachhaltige Investments ist ESG. E steht für Environment (Umwelt), S für Social (Soziales) und G für Governance (Unternehmensführung). Indizes, die PAB (Paris Aligned Benchmark) im Namen tragen, achten auf die Einhaltung der Pariser Klimaziele.

Der MSCI World SRI Index ist der bekannteste MSCI-Nachhaltigkeitsindex mit vielen Ausschlusskriterien. Von vornherein aussortiert werden zum Beispiel Unternehmen, die zur Umweltzerstörung beitragen, in Korruptionsvorwürfe verwickelt sind oder die Arbeits- und Menschenrechte verletzen. Auch Hersteller kontroverser Waffen wie zum Beispiel Streumunition, Landminen, Waffen mit angereichertem Uran, biologische und chemische Waffen oder Blendlaser-Waffen haben keine Chance, in den MSCI World SRI Index aufgenommen zu werden.

Dagegen können Firmen von umstrittenen Branchen wie Alkohol, Glücksspiel, Pornografie oder konventionelle Waffen in den Index kommen, wenn die Umsätze in diesen Bereichen gering sind. Entfallen zum

Beispiel bei einem Lebensmittelkonzern maximal 5 Prozent des Konzernumsatzes auf die Herstellung von alkoholischen Getränken und höchstens 15 Prozent auf Herstellung und Vertrieb dieser Produkte, kann das Unternehmen Teil des Index sein.

Nachhaltige ETF oder nachhaltige Fonds?

Ein ETF auf den MSCI World SRI Index folgt immer den festgelegten Regeln, da der Index nachgebildet wird. ETF werden daher auch passive Investments genannt. Pendant sind aktive gemanagte Fonds, die nach ihren eigenen Kriterien Aktien auswählen. Das kostet jedoch Zeit und Geld, was zu Lasten der Performance geht. Deshalb schneiden professionell gemanagte Fonds im Schnitt langfristig deutlich schlechter ab als ETF.

Aktiv gemanagte Aktienfonds können bei nachhaltigen Anlagen von Vorteil sein: Ein professionelles Fondsmanagement kann bei der Auswahl der einzelnen Aktien deutlich striktere Kriterien anlegen als ein ETF. In den Untersuchungen von Finanztest erreichte daher kein einziger nachhaltiger Aktien-ETF die Bestnote von fünf Nachhaltigkeitspunkten. Die besten nachhaltigen Aktien-ETF weisen mittelstrenge Auswahlkriterien auf. Kurzum lässt sich zusammenfassen: Nachhaltige Aktien-ETF erzielen zwar bessere Renditeergebnisse, schneiden aber in der Nachhaltigkeitsbewertung oft nicht so gut ab wie aktiv gemanagte Fonds. Anders sieht das bei Anleihen-ETF aus, dazu mehr auf der nächsten Seite.

Bei Aktien gilt: Wer ganz strikten Nachhaltigkeitskriterien folgen möchte, kann einen aktiv gemanagten Nachhaltigkeitsfonds wählen. Da es hier aber im Laufe der Zeit zu einem Wechsel des Fondsmanagements oder einer Änderung in der Anlagepolitik kommen kann oder der gewählte Fonds möglicherweise keine überzeugenden Ergebnisse liefert, ist es wichtig, diese Papiere stets im Blick zu behalten. Gegebenenfalls muss dann in einen anderen Fonds umgeschichtet werden. Das bedeutet bei einem Kinderdepot zusätzlichen Aufwand oder kann leicht in Vergessenheit geraten. Da sich die Ranglisten der aktiv gemanagten Aktienfonds schnell ändern können, finden Sie eine aktuelle Auswahl unter test.de/sauberefonds (kostenpflichtig).

Wesentlich entspannter haben es dagegen Anlegende mit einem Investment in einen nachhaltigen ETF, da bei diesen die Auswahlkriterien von vornherein klar definiert sind und Managementwechsel et cetera keine Rolle spielen. Typisch ETF: Er entwickelt sich im Gleichtakt mit dem Index. Dafür nehmen Anlegende bei nachhaltigen Aktien-ETF jedoch teilweise weniger strikte Kriterien bei der Auswahl der Wertpapiere in Kauf.

Nachhaltige Zinsen

Nachhaltigkeit funktioniert nicht nur bei Aktien, auch bei Zinsanlagen wie Festgeld, Anleihen, Anleihenfonds und Anleihen-ETF lassen sich ethische und ökologische Grundsätze verfolgen. Um für den Nachwuchs anzulegen, kommen bei den typischen Nachhaltigkeitsbanken (siehe Seite 41) am ehesten Festgeldanlagen und Sparbriefe mit mehrjähriger Laufzeit oder sichere Staatsanleihen oder ein aktiv gemanagter Anleihen- beziehungsweise ein Mischfonds auf Aktien und Anleihen infrage.

Kostengünstiger als die auf Nachhaltigkeit fokussierten Banken sind die klassischen Direktbanken (eine Übersicht der Angebote für Kinderkonten und -depots finden Sie im Serviceteil ab Seite 150). Diese bieten neben dem Wertpapiergeschäft auch Tagesgeld, Festgeld und ETF-Sparpläne an. Bei Zinsanlagen ist zu bedenken, dass Anleihen ebenso wie Festgelder zu bestimmten Terminen fällig sind und Zinsen auszahlen, die wiederangelegt werden wollen, damit auch die Zinsen Ertrag bringen und der Zinseszinseffekt wirkt. Eine bequeme Lösung sind thesaurierende ETF oder Fonds. Denn sie investieren nicht nur das Kapital bei Fälligkeit automatisch wieder in andere Anleihen, sondern legen auch die Zinsen automatisch wieder an. Achten Sie bei der Auswahl eines ETF auf den Zusatz „thesaurierend", dann profitieren Sie vom Zinseszinseffekt.

Während bei herkömmlichen Fonds ein Manager über die Auswahl der Papiere entscheidet, definiert bei ETF der Indexanbieter, welche Voraussetzungen eine Anleihe erfüllen muss, um in einen nachhaltigen Index aufgenommen zu werden. Das können Anleihen von Staaten oder Unternehmen sein, die nachhaltige Kriterien erfüllen, zum Beispiel nachhaltige Energieerzeuger oder Unternehmen, die die Pariser Klimaziele erfüllen. Meist sind in diesen ETF umstrittene Branchen wie die Hersteller kontroverser Waffen oder Öl- und Gasunternehmen ausgeschlossen, die Zusammensetzung ist jedoch von Index zu Index verschieden. Zudem existieren auch ETF auf sogenannte Green Bonds, sprich grüne Anleihen, mit denen Klima- und Umweltprojekte finanziert werden. In einer Untersuchung von Finanztest schnitten Green-Bonds-ETF in der Nachhaltigkeitsbewertung allerdings nicht sonderlich gut ab.

Finanztest hat im Frühjahr 2024 nachhaltige Anleihenfonds oder -ETF bewertet und auch für Länder ein Nachhaltigkeitsrating erstellt. Staaten sind zwar nicht explizit nachhaltig, doch auch sie lassen sich nach ESG-Kriterien beurteilen. In der Untersuchung von Finanztest haben ETF auf deutsche Staatsanleihen in puncto Nachhaltigkeit genauso gut abgeschnitten wie aktiv gemangte Anleihenfonds. Daher können Sie guten Gewissens auch einfach einen ETF auf deutsche Staatsanleihen wählen.

03

Einen größeren Betrag anlegen

Für Neugeborene und kleine Kinder

Die Grundlagen sind gleich, egal ob Sie für den Nachwuchs einmalig Geld anlegen oder regelmäßig sparen. Wichtig ist aber die geplante Spardauer. Bei den Kleinen haben Sie viel Zeit.

Welchen Zweck soll das Geld erfüllen? Später den Führerschein, das Studium, die Wohnungseinrichtung oder ein Auto (mit)zufinanzieren ist zweifellos ein guter Ansatz. Auch wenn es nur ein paar Hundert Euro sind, die Sie heute für ein Baby oder ein Kleinkind anlegen, kann daraus ein hübsches Sümmchen werden, über das sich der Nachwuchs später freut. Wie viel genau daraus wird, ist ungewiss, denn die Höhe der Zinsen und die Entwicklung der Aktienkurse lassen sich nicht vorhersagen. Mit etwas Glück reicht die Summe später für den Führerschein oder die Einrichtung einer ersten kleinen Wohnung. Wie luxuriös die Ausstattung ausfällt, hängt von der Entwicklung der Märkte ab.

Vorausgesetzt, die Aktienkurse bringen einen Ertrag von 6 Prozent pro Jahr – langfristig eine durchaus realistische Annahme –, kann sich ein Startbetrag von 1000 Euro nach 18 Jahren nahezu verdreifachen. In einem ausgewogenen Pantoffel-Portfolio mit 50/50-Aufteilung in Aktien und Anleihen sollte sich das Startkapital in etwa verdoppeln, wenn wir neben 6 Prozent Aktienrendite für die sicheren Zinsanlagen jährlich 2 Prozent veranschlagen. In den vergangenen Jahrzehnten waren die Ergebnisse auf der Aktienseite höher, wir wollen jedoch nicht zu optimistisch sein, an den Aktienmärkten gibt es immer mal wieder längere Durststrecken. Alle wichtigen Aspekte, welche Papiere sich gut eignen und wie das Pantoffel-Portfolio im Detail funktioniert, erfahren Sie hier.

Über die Grenzen gehen

Wir hatten es in Kapitel 1 bereits kurz erwähnt: Das Pantoffel-Portfolio von Finanztest ist eine einfache, langfristig erfolgreiche Strategie und gut geeignet für Kinder. Es besteht aus Aktien-ETF und einem Sicherheitsbaustein aus Zinsanlagen. Natürlich können Sie abweichend von der Pantoffel-Strategie agieren und alles Geld in einen Aktien-ETF stecken. Damit gehen Sie zwar ein höheres Risiko ein als mit dem Pantoffel-Portfolio, nutzen aber die Chancen des Aktienmarkts. Theoretisch spricht bei kleinen Kindern nichts gegen ein reines Aktieninvestment, da langfristig mit Aktien die höchsten Renditen zu erzielen sind. Daher können Sie es sich einfach machen und für Neugeborene oder kleine Kinder im Grundschulalter einen einzigen 1.-Wahl-ETF unter den Weltaktien-ETF (siehe Serviceteil, Seite 154) auswählen. Das sollten Sie aber nur wagen, wenn die Familie über ausreichend Geldvermögen verfügt und Führerschein, Auto oder Studium – ohne große finanzielle Einschränkungen – finanzieren kann. Sie sollten daher überlegen, ob das Kapital zum 18. Geburtstag bereitstehen soll oder längerfristig investiert werden kann.

Wer für den Nachwuchs 100 Prozent in Aktien investiert, sollte sich darüber im Klaren sein, dass es an den Börsen immer wieder zu kräftigen Rücksetzern kommt. Bis zur Volljährigkeit eines Neugeborenen durchlaufen die Aktienmärkte sicherlich noch einige Rückschläge.

RISIKOTEST: Eine einzige Frage genügt, um Ihre Risikobereitschaft abzuschätzen: Wie komme ich mit einem Rücksetzer von 50 Prozent am Aktienmarkt klar? Bereitet Ihnen eine Korrektur in diesem Ausmaß schlaflose Nächte, oder sehen Sie gelassen zu, in dem Wissen, dass sich die Kurse eines Tages wieder erholen? Kursverluste können trotz der breiten Risikostreuung des MSCI-World-ETF enorm sein. In den vergangenen 30 Jahren lag die schlechteste Rendite des Weltindex über ein Jahr betrachtet bei –39,1 Prozent (siehe Seite 75). Kurzfristig hat es schon heftiger gekracht.

Daher können Sie auch gut einen kleinen oder größeren Teil sichere Zinsanlagen beimischen. 75 Prozent Aktienanteil und 25 Prozent Zinsanlagen sind auch für risikobereite Eltern oder Großeltern eine gute Wahl. Wer noch vorsichtiger anlegen will, wählt die klassische („ausgewogene") 50/50-Aufteilung. Die defensive Variante mit nur 25 Prozent Aktienanteil ist für kleine Kinder weniger empfehlenswert.

Worst Case in Zahlen

Nun fragen Sie sich vielleicht, wie hoch ist das Risiko tatsächlich, und was bedeutet das in Euro? Ein Einbruch von 50 Prozent entspricht fast dem maximalen Verlust, den es an den Aktienmärkten in den vergangenen 30 Jahren gab. Dazu ein Blick, was das für ein Pantoffel-Portfolio im Wert von 2000 Euro konkret bedeutet: Bei einem ausgewogenen Pantoffel mit einer 50/50-Aufteilung beträgt der Aktienanteil 1000 Euro und würde bei einem Rückschlag von 50 Prozent die Hälfte an Wert, also 500 Euro, verlieren. Das Gesamtportfolio wäre in diesem Fall nur noch 1500 Euro wert. Bei einem Aktienanteil von 75 Prozent (offensiver Pantoffel) würde der Verlust 750 Euro betragen und der Gesamtwert auf 1250 Euro abschmelzen. Bei einem defensiven Pantoffel ist der Verlust mit 250 Euro moderater, der Gesamtwert liegt dann bei 1750 Euro.

Es ist wenig wahrscheinlich, dass Sie investieren und am nächsten Tag die Börse derart stark einbricht. Doch die Märkte sind nicht berechenbar. In der Vergangenheit haben sich die Aktienkurse nach einigen Monaten, spätestens nach ein paar Jahren, wieder von ihren Tiefschlägen erholt. Aber genug der Warnungen. Fakt ist: Langfristig steigen die Aktienkurse, weshalb für kleine Kinder eine hohe Aktienquote sinnvoll erscheint. Es ist aber auch in Ordnung, wenn Sie für ein Kleinkind weniger Risiko in Kauf nehmen und lieber sicherer anlegen wollen. Am Ende dürfte sich jedes Kind über das Geschenk freuen.

Gezielter Plan für größere Kinder

Je weniger Zeit für eine Anlage zur Verfügung steht, desto umsichtiger müssen Sie agieren. Ein Zukunftsplan für die Geldanlage älterer Kinder erleichtert die Entscheidung.

Besser spät als nie, ist ein allgemein gültiges Motto der Geldanlage. Das Pantoffel-Portfolio ist einfach und liefert langfristig überzeugende Ergebnisse. Die Anlagedauer sollte jedoch mindestens zehn Jahre betragen. Was also tun, wenn das Kind bereits acht Jahre oder älter ist? Und welche Möglichkeiten bestehen, wenn das Geld für eine 15-Jährige in zwei Jahren den Führerschein finanzieren soll?

Sicher anlegen bis zum 18. Geburtstag

Um es gleich vorab zu sagen: Die Möglichkeiten sind limitiert, wenn das Geld zu einem festen Termin zur Verfügung stehen soll. Sichere Zinsanlagen wie Festgeld, Tagesgeld oder Sparbrief zu wählen lautet in diesem Fall die Lösung.

Da die Konditionen der Banken sehr unterschiedlich sind, lohnt der Vergleich der Angebote. Achten Sie dabei auch auf die Sicherheit der Einlagen (siehe ab Seite 112). Sichere Zinsanlagen mit aktuellen Konditionen finden Sie unter test.de/zinsen (kostenpflichtig). Bei einer Anlage auf einem Festgeldkonto oder einem Sparbrief können Sie eine mehrjährige Laufzeit wählen, etwa bis zur Volljährigkeit des Kindes.

Wer die Zinsentwicklung genau verfolgt und etwas mehr Zeit investieren will, kann mit der richtigen Markteinschätzung und der Auswahl der entsprechenden Zinsanlagen mehr Rendite erzielen. In der Praxis heißt das, auf lange Laufzeiten setzen, wenn die Zinsen hoch sind und mit gleichbleibenden oder sinkenden Zinsen zu rechnen ist. In Phasen, in denen dagegen ein Zinsanstieg zu erwarten ist, bieten sich eher kürzere Laufzeiten an.

Alternativ können Sie bei größeren Beträgen die sogenannte Zinstreppe als Anlagestrategie einsetzen, wenn Sie mehrere Jahre Zeit haben, bis das Geld zur Verfügung stehen soll. Dabei legen Sie das Kapital in gleich großen Beträgen auf Festgeldkonten oder Sparbriefen mit Laufzeiten von einem, zwei, drei, vier und fünf Jahren an. Läuft nach einem Jahr die erste Anlage aus, wird das Kapital dann für fünf Jahre investiert – oder bis zur Volljährigkeit des Kindes. Das Gleiche geschieht Jahr für Jahr mit den nächsten auslaufenden Festgeldern. Damit sichern Sie über die Zeit hinweg einen guten Renditemix.

Über die Volljährigkeit hinaus anlegen

Wenn Sie besorgt sind, dass der Nachwuchs das Geld mit 18 Jahren leichtfertig ausgibt, können Sie mit langlaufenden Festgeldern oder Sparbriefen auch verhindern, dass sie oder er zum 18. Geburtstag über das Geld verfügt. Denn hier ist das Geld fest angelegt und kann nicht vorzeitig abgezogen werden.

Wenn Sie Geld als Basis für den langfristigen Vermögensaufbau des Kindes anlegen wollen und das Vertrauen haben, dass es das Geld nicht gleich verprasst, können Sie auch ein Pantoffel-Portfolio wählen. In diesem Fall beträgt der Zeithorizont mindestens zehn Jahre. Ob Sie sich dabei eher für einen hohen, mittleren oder niedrigen Aktienanteil entscheiden, ist eine Frage der Risikobereitschaft und bleibt letztendlich Ihnen überlassen. Mit Kindern ab dem Alter von 14 Jahren können Sie das Thema auch gemeinsam angehen. Damit legen Sie nicht nur einen finanziellen Grundstock, sondern auch einen in finanzieller Bildung.

Patentrezept Pantoffel-Strategie

Eine Kombination aus Aktien und Anleihen bringt langfristig die besten Ergebnisse. Sie können das ganz einfach umsetzen mit dem sogenannten Pantoffel-Portfolio.

Pantoffel-Portfolio – klingt das nicht eher langweilig? Die Strategie heißt so, weil sie viele Eigenschaften des beliebten Hausschuhs aufweist: einfach, bequem, praktisch, günstig, flexibel und pflegeleicht. So wie der Pantoffel die Füße wärmt und ein körperliches Wohlgefühl erzeugt, bringt auch das gleichnamige Portfolio erfreuliche Ergebnisse. Reinschlüpfen und sich wohlfühlen lautet die Devise des erfolgreichen Konzepts. Voraussetzung ist allerdings, dass Sie mindestens zehn, besser noch 15 Jahre Zeit zum Investieren haben.

Finanziell hat sich die Strategie bewährt, wie der langfristige Blick zurück zeigt: Wurde zum Beispiel bei der Geburt eines Kindes vor 20 Jahren einmalig ein Betrag von 1000 Euro in die Pantoffel-Strategie investiert, durfte sich der Nachwuchs mit 20 Jahren über eine Summe zwischen gut 2300 und knapp 5500 Euro freuen. Der Unterschied ist enorm! Das Ergebnis ist davon abhängig, wie hoch der Aktienanteil ist. Noch mehr wird es, wenn auch während der Laufzeit eingezahlt wird. Das Schöne an der Strategie ist, dass immer wieder mal Geld eingezahlt werden kann, zum Beispiel zu bestimmten Anlässen wie Geburtstagen und konfessionellen Feiertagen. Wir erklären hier das Pantoffel-Konzept – zunächst anhand von Beispielen einer Einmalanlage. Natürlich klappt es genauso gut auch mit Sparplänen. Mehr zu Sparplänen ab Seite 67.

Pantoffel-Portfolio – das Konzept im Detail

Egal, ob Einmalanlage oder regelmäßiges Sparen, das Pantoffel-Portfolio funktioniert für kleine wie große Beträge. Es macht keinen Unterschied, wie viel Geld Sie anlegen, das Konzept bleibt immer gleich. Sie können ein Pantoffel-Portfolio jedoch nicht fertig als Anlage bei einer Bank oder bei Finanztest kaufen. Vielmehr verbirgt sich dahinter eine leicht nachvollziehbare Anleitung, wie Sie das Geld ohne großen zeitlichen und finanziellen Aufwand sinnvoll investieren, damit es sich mehrt.

Die Strategie dahinter besteht aus zwei Bausteinen: Aktien und Zinsanlagen. Aktien in Form von Aktien-ETF sind der Renditebaustein, da Aktien langfristig die besten Erträge bieten. Die Zinsanlage – ein Anleihen-ETF oder eine Festgeldanlage – sorgt für Sicherheit. Für jeden Baustein benötigen Sie nur eine Anlage, also einen Aktien-ETF und eine Zinsanlage. Die Pantoffel-Strategie besteht daher aus nur zwei Investments.

Die Aufteilung von Aktien und Zinsanlage ist ein wichtiger Teil der Strategie und berücksichtigt Ihre persönlichen Präferenzen. So können mit einem Pantoffel-Portfolio auch Risikobereitschaft, persönliche Vorstellungen, zeitlicher Anlagehorizont oder die aktuellen Lebensumstände eines Kindes berücksichtigt werden. Ganz nach dem Motto, nicht jeder Hausschuh passt für alle Füße. Daher gibt es die klassische Pantoffel-Strategie in drei Varianten.

PANTOFFEL-STRATEGIE: Zwei Bausteine, renditestarke Aktien-ETF und sichere Zinsanlagen, bilden das Pantoffel-Portfolio. Je nach Risikotyp unterscheiden wir drei Pantoffel-Arten. Die defensive Variante besteht aus 75 Prozent Zinsanlagen und 25 Prozent Aktien-ETF. In der ausgewogenen Variante sind Aktien- und Zinsanlagen gleich stark gewichtet. Die offensive Variante setzt sich aus 75 Prozent Aktienanteil und 25 Prozent Zinsanteil zusammen.

Das Standardmodell, die ausgewogene Variante, sieht eine Aufteilung in 50 Prozent Aktien und 50 Prozent Zinsanlagen vor. Sie können jedoch, je nach Risikobereitschaft, auch mehr Geld in Aktien stecken. In der Vergangenheit hat sich dies gerade bei Anlagedauern von zehn Jahren und länger ausgezahlt. Kurzfristig schwanken Aktienkurse immer mal wieder stark, doch langfristig bringen Aktien die höchsten Erträge. Wer also früh Geld für ein Kind zur Seite legt, kann auch gut die offensive Variante des

Pantoffel-Portfolios wählen oder ausschließlich auf Aktien setzen. Anders, sprich vorsichtiger, sollten Sie vorgehen, wenn die Kinder älter sind und das Geld zu einem bestimmten Zeitpunkt zur Verfügung stehen soll (mehr dazu siehe Seite 77).

Flexibles Konzept ...

Die Pantoffel-Strategie funktioniert übrigens nicht nur für Kinder, sie eignet sich auch für Erwachsene. Werden aus den Kindern Erwachsene, die das Kapital nicht für den Führerschein, das Studium oder Sonstiges verwenden, können sie das Pantoffel-Portfolio selbst fortführen. Vorteilhaft ist dann die Flexibilität: Abhängig von den Lebensumständen können die Gewichte im Pantoffel-Portfolio ohne viel Aufwand frei verschoben werden. Solange das Kind minderjährig ist, entscheiden Erziehungsberechtigte über die Risikogewichtung. Später übernimmt der Nachwuchs diese Aufgaben selbst. So können Sie nicht nur Vermögen, sondern auch Erfahrung an den Nachwuchs weitergeben. Kinder interessieren sich in der Regel für ihr eigenes Geld und dürften die finanzielle Vorsorge wertschätzen. Wenn Sie mit dem Kind in den Teenagerjahren offen über die Anlage sprechen, lernt es früh, mit Geld umzugehen, und lernt auch die Risiken kennen. Mehr dazu, wie Sie Kindern das Thema Geld vertraut machen, erfahren Sie in Kapitel 7.

... einfach umzusetzen

Für den Aktienanteil, also den Renditebaustein, eignet sich besonders ein Aktien-ETF, und zwar auf einen international breit gestreuten Aktienindex (siehe Seite 55). Die zweite Komponente im Pantoffel-Portfolio, der Sicherheitsbaustein, ist eine Zinsanlage wie zum Beispiel ein Anleihen-ETF, auch Renten-ETF genannt (siehe Seite 59).

ETF werden wie Aktien selbst an der Börse gehandelt. Da sie einfach und effizient einen Wertpapierindex nachbilden, sind die Kosten niedrig. Und das verbessert die Performance für die Investierenden. Aktiv gemanagte Aktienfonds, die das Risiko ebenfalls breit streuen können, sind im Vergleich dazu mit deutlich höheren Gebühren belastet. In der Regel fallen bei Letzteren beim Kauf Ausgabeaufschläge von 3 bis 6 Prozent sowie jährliche Verwaltungsgebühren von 1 bis 2 Prozent an. Bei aktiv gemanagten Anleihenfonds sind diese niedriger, aber ebenfalls deutlich höher als bei ETF.

Manche aktiven Fondsmanager erwirtschaften in einzelnen Jahren zwar eine bessere Performance als der Index, auf Dauer gelingt das jedoch nur den allerwenigsten. Und da nicht absehbar ist, welcher Fonds

Einmalanlagen im Check

Die Grafik zeigt die unterschiedlichen Pantoffel-Varianten im Vergleich zu reinen Zinsanlagen (Euro-Staatsanleihen-ETF) und Aktien ETF.

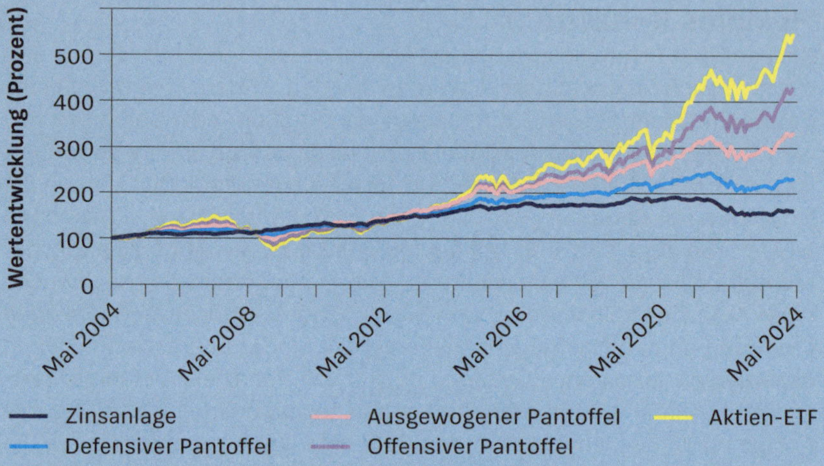

Wichtig bei der Entscheidung für eine Pantoffel-Variante ist neben dem Blick auf die Renditen in der Vergangenheit auch die Risikobetrachtung. Sie wird deutlich am maximalen Verlust und der längsten Verlustphase der vergangenen 30 Jahre.

Anlagestrategie	Rendite (% p.a.) bei einer Laufzeit von ... Jahren					Max. Verlust (%)	Längste Verlust-phase (Jahre)
	30	20	10	5	1		
ZINSANLAGE	3,8	2,4	0,2	-2,2	2,4	-20	3,4
DEFENSIVER PANTOFFEL	5,3	4,3	3,5	2,1	7,5	-16	2,5
AUSGEWOGENER PANTOFFEL	6,3	6,2	6,3	6,0	12,5	-26	5,0
OFFENSIVER PANTOFFEL	7,6	7,6	9,3	10,0	17,5	-39	6,7
AKTIEN-ETF	8,1	8,9	11,7	13,3	22,3	-56	13,4

Die Berechnungen zeigen die Wertentwicklung von MSCI World-ETF und Euro-Anleihen-ETF bei einer Einmalanlage. Bei Umschichtungen wurden Handelskosten berücksichtigt. Maximaler Verlust und längste Verlustphase beziehen sich auf den Zeitraum von 30 Jahren. Quelle: LSEG, eigene Simulationen, Stand 31. Mai 2024

in Zukunft besser abschneidet als der Gesamtmarkt, ist die kostengünstige ETF-Lösung die beste Wahl. Auch hier fallen Kosten an, doch diese sind deutlich geringer. Beim Kauf verrechnen die Banken Gebühren wie beim Kauf von Aktien, und die jährlichen Kosten liegen – bei den von Finanztest ausgezeichneten 1.-Wahl-ETF auf den MSCI World Index – zwischen 0,1 und 0,5 Prozent.

Renditebaustein: Aktien aus aller Welt

Ein Wertpapier genügt, um sich an mehr als 1400 Firmen zu beteiligen: Ein börsengehandelter Indexfonds (ETF) auf den MSCI World Index ist die Basis des Pantoffel-Portfolios.

Für deutsche Anleger ist meist der Deutsche Aktienindex Dax der Maßstab, der die Entwicklung unseres Aktienmarkts widerspiegelt. Keine Frage, die Firmen im Dax wie zum Beispiel Siemens, SAP, Allianz oder Mercedes-Benz sind für uns vertraute Namen. Doch als Basis für das Pantoffel-Portfolio ist der Dax nicht ideal. Er umfasst gerade mal 40 Aktien – und wenn die Wirtschaft in Deutschland mal nicht so gut läuft, wirkt sich das besonders stark auf den Dax aus. Zwar sind die deutschen Großkonzerne auch international aktiv, aber wer seine Risiken möglichst breit international und über viele Branchen hinwegstreuen will, greift besser zu einem globalen Index wie dem MSCI World.

Er ist der älteste und renommierteste globale Aktienindex, berechnet wird er vom US-Finanzdienstleister MSCI. Die Berechnung reicht weit zurück: Sie startete am 31. Dezember 1969 mit 100 Punkten, Mitte 2024 notierte das Barometer bei gut 3500 Punkten, also mehr als 35-mal so hoch. Im Vergleich zum Dax mit 40 Aktien stecken im MSCI World mehr als 1400 Firmen, genau genommen sind es 1430 (Stand: Ende Juni 2024). In Kapitel 2 hatten wir den Aspekt Risikoverteilung bereits beleuchtet, kurz zusammengefasst gilt: Je breiter Sie Ihr Anlagerisiko streuen, desto besser. Das zeigt sich auch im Ergebnis.

MSCI World besser als Dax

Im langfristigen Performancevergleich von Dax und MSCI World hat der MSCI World die Nase vorn (siehe Grafik). Lange Zeit entwickelten sich die beiden Indizes ähnlich, doch 2015 hängte der MSCI World Index den Dax ab: Die Renditedifferenz seit Anfang 2000 beträgt stattliche 146 Prozentpunkte. Ein weiterer Vorteil des MSCI World: Der Mehrertrag wurde mit geringeren Schwankungen erreicht.

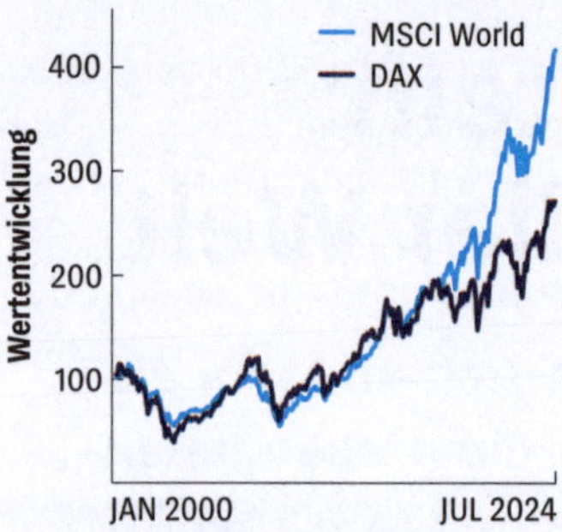

PERFORMANCEVERGLEICH: Im langfristigen Vergleich weist der MSCI World Index (hell) gegenüber dem Dax (dunkel) deutlich bessere Ergebnisse auf. In der Zeit von Anfang 2000 bis Ende Juli 2024 wurden ohne Berücksichtigung von Gebühren aus 100 Euro im Dax 266 Euro, im Weltaktienindex MSCI World hingegen 412 Euro (Quelle: LSEG).

Der MSCI World Index berücksichtigt große und mittelgroße Firmen aus 23 Industrieländern. Sie decken etwa 85 Prozent der Marktkapitalisierung der einzelnen Länder ab. Die Marktkapitalisierung spiegelt den Börsenwert der Firmen wider.

Deutschlands wertvollste Aktiengesellschaft war Ende Juni 2024 das Softwarehaus SAP mit einem Börsenwert von rund 235 Milliarden Euro, gefolgt von Siemens, Deutsche Telekom, Allianz und Airbus, die es jeweils auf mehr als 100 Milliarden Euro Marktwert bringen. Im Vergleich zu den größten Unternehmen der Welt erscheinen die deutschen Großkonzerne jedoch klein.

In die Topfirmen der Welt investieren

Größte Unternehmen weltweit sind der Softwareanbieter Microsoft, der iPhone-Hersteller Apple und der Chipkonzern Nvidia. Ihr Börsenwert liegt jeweils bei mehr als 3000 Milliarden Euro (Stand 30. Juni 2024). Zusammen sind die drei Megakonzerne knapp 20-mal so viel wert wie die drei größten deutschen Aktiengesellschaften.

Aufgrund des hohen Börsenwerts der US-Firmen dominieren US-Aktien im MSCI World. Topwerte im MSCI World Index sind neben den drei erfolgreichen Technologiefirmen der Internetriese Alphabet (ehemals Google) mit seiner Google-Suchmaschine und seinem Videoportal

YouTube, der Versandhändler Amazon, das Social-Media-Unternehmen Meta, zu dem Facebook und Instagram gehören, sowie der Pharmariese Eli Lilly. Die zehn gewichtigsten Aktien im MSCI World bringen es gemeinsam auf einen Anteil von rund 25 Prozent. Das Gewicht der einzelnen Titel liegt jeweils unter 5 Prozent. Im Dax hingegen kann das Gewicht einer Aktie bis zu 15 Prozent betragen.

US-Aktien dominieren den Index

Die hohe Dominanz der US-Aktien ist ein Schwachpunkt des MSCI World Index, den Investierende kennen sollten. Der Grund: US-Aktien, allen voran die großen Technologiefirmen wie Microsoft, Apple, Nvidia, Alphabet und Co. haben sich in den vergangenen Jahren sehr gut entwickelt. Damit geht eine höhere Marktkapitalisierung der US-Aktien einher. Gemessen an ihrem Anteil an der weltweiten Wirtschaftsleistung sind US-Aktien überproportional stark im Index vertreten. Oder anders gesagt: Das Gewicht der einzelnen Länder steht nicht im Einklang mit deren Wirtschaftsleistung. Vielmehr bestimmt der Börsenwert der Unternehmen die Gewichtung eines Landes im Index. Und da in den USA die wertvollsten Firmen der Welt wie Microsoft, Apple & Co. beheimatet sind, kommt das Land auf den höchsten Anteil im Index.

Seit Jahren steigt die Gewichtung der US-Aktien, da der Börsenwert der großen amerikanischen Technologieunternehmen deutlich stärker gestiegen ist, als dies in anderen Märkten der Fall war. Mitte 2024 dominierten US-Aktien den MSCI World mit einem Anteil von 72 Prozent, fünf Jahre zuvor waren es „nur" 64 Prozent. Japan bringt es dagegen auf gerade mal 5,7 Prozent, Großbritannien auf 3,7 Prozent. Der Rest verteilt sich auf 20 Länder. Auch Deutschland fällt darunter.

Deutschland ist im MSCI World Index mit 2,2 Prozent vertreten, obwohl Deutschland mit einer jährlichen Wirtschaftsleistung von gut 4 Billionen Dollar (Quelle: Weltbank 2022) die viertgrößte Industrienation weltweit ist. Einen Grund haben wir bereits genannt, die niedrige Börsenbewertung. Ein anderer: Der Anteil an Unternehmen, die sich hierzulande im Familienbesitz befinden und nicht an der Börse gehandelt werden, ist deutlich höher als in aktienstarken Ländern wie den USA. Oder anders ausgedrückt: Wir haben im Vergleich weniger große börsennotierte Firmen. Deutsche Investoren profitierten in den vergangenen Jahren jedoch vom hohen Gewicht der US-Aktien gleich aus zwei Richtungen. Zum einen kletterten die Aktienkurse der US-Firmen stark, zum anderen entwickelte sich der Wechselkurs zugunsten der Anlegerinnen und Anleger in Deutschland.

Alle Länder ins Portfolio

Vielleicht ist Ihnen aufgefallen, dass wir große Wirtschaftsnationen wie China bisher gar nicht erwähnt haben. Auch dort gibt es Aktien wie Tencent, Alibaba oder PDD, doch China ist im MSCI World nicht vertreten. Auch andere Länder wie Südkorea oder Indien, die sich in den vergangenen Jahrzehnten zu etablierten Wirtschaftsnationen entwickelt haben, fehlen. Diese Märkte fasst MSCI in einem eigenen Index, dem MSCI Emerging Markets Index, zusammen. Da sich der MSCI World „nur" auf 23 entwickelte Industrieländer konzentriert, können Anlegende, die auch Emerging Markets einbeziehen wollen, anstelle des MSCI World auch gut den MSCI All Country World wählen.

STECKBRIEF MSCI ALL COUNTRY WORLD (MSCI ACWI): Der Index bildet die Entwicklung der 23 Industrieländer plus 24 Emerging Markets ab. Damit ist der Index noch breiter aufgestellt als der MSCI World und umfasst knapp 2 800 Aktien. Die Indexschwergewichte unterscheiden sich nicht vom MSCI World: Microsoft, Apple, Nvidia, Alphabet (Google), Amazon, Meta. Auf dem siebten Platz rangiert ein Unternehmen der aufstrebenden Länder: Taiwan Semiconductor (TSMC), einem der weltgrößten Chiphersteller.

Im MSCI ACWI beträgt das Gewicht der US-Aktien knapp 65 Prozent, Japan hat mit gut 5 Prozent den zweithöchsten Anteil, gefolgt von Großbritannien (3,3 Prozent), Kanada (2,6 Prozent) und China (2,6 Prozent). Auf die übrigen Industrieländer und Emerging Markets entfallen rund 22 Prozent. Obwohl der MSCI ACWI mit knapp 2800 Unternehmen die Risiken wesentlich breiter streut als der MSCI World, war die Performance in der Vergangenheit meist nicht besser. Im Durchschnitt brachte der MSCI ACWI seit Beginn der Berechnung Ende 1987 bis Ende Juni 2024 pro Jahr 8,31 Prozent. Beim MSCI World Index waren es hingegen 8,50 Prozent jährlich. Zwar verspricht ein Teil der aufstrebenden Wirtschaftsnationen hohe Chancen, vor allem langfristig. Doch zum Teil bremsen politische Instabilität, Korruption oder eine schwache Konjunktur die Entwicklung.

Ein anderer guter Weltindex, der ebenfalls Industrie- und Schwellenländer abbildet, ist der FTSE All World Index. Dahinter stecken knapp 4300 Aktien aus 49 Ländern. Schwergewichte im Index ähneln dem des MSCI ACWI. Berechnet wird der FTSE All World Index vom Indexanbieter FTSE Russell, einer Tochter der Londoner Börse. Mehr Details zu geeigneten Indizes und passende ETF finden Sie im Serviceteil ab Seite 150.

Zinsbaustein: Stabile Erträge

Zinserträge sorgen für Stabilität im Pantoffel-Portfolio. Hier gilt es Risiken zu vermeiden, weshalb wir uns ausschließlich auf Anlagen in Euro in sicheren Ländern konzentrieren.

Die tristen Jahre mit Null- oder Negativzinsen für Sparer liegen zum Glück hinter uns, Zinsanlagen bringen wieder Erträge. Für den Zinsbaustein (Sicherheitsbaustein) im Pantoffel-Portfolio eignen sich Tagesgeld, Festgeld und vor allem auch wieder Euro-Anleihen-ETF.

Tagesgeld und Festgeld

Tagesgeld und Festgeld weisen kein Risiko von Kursschwankungen auf. Doch man muss sich um diese Anlagen kümmern. Zinsen werden ausgezahlt, Festgelder werden fällig, und die Sicherheit der Einlagen sollte geprüft werden (siehe „Wie sicher ist das Geld angelegt?", Seite 112). Beim Tagesgeldkonto können die Banken die Zinsen theoretisch täglich verändern, beim Festgeld gelten die Konditionen jeweils für die festgesetzte Laufzeit, sprich am Ende der Laufzeit wird das Kapital plus Zinsen auf dem Verrechnungskonto gutgeschrieben oder erneut um die vorher vereinbarte Laufzeit verlängert. Bei Festgeldanlagen verlangen die Banken häufig einen Mindestanlagebetrag, teils reichen 1 000 Euro, teils sind es 5 000 oder 10 000 Euro.

Oft gibt es Topzinsen bei einem Anbieter auch nur für eine kurze Zeit. Wer mit einem lukrativen Tages- oder Festgeldangebot bei einer Bank startet, stellt daher oft fest, dass nach einiger Zeit andere Banken attraktivere Konditionen bieten. Wollen Sie dann wieder die besten Konditionen erhalten, kostet dies Zeit, da wieder Formalitäten erledigt müssen und Geld transferiert werden will.

Anleihen-ETF

Einfacher haben Sie es, wenn Sie einen Anleihen-ETF wählen. Einmal gekauft, ist das Thema Zinsbaustein erledigt. Für die Wiederanlage von fälligen Zinsanlagen sorgt bei einem ETF der ETF-Anbieter. Und was die Zinserträge betrifft, haben Sie die Möglichkeit, diese auszahlen zu lassen oder die Zinsen automatisch wieder anzulegen, also die Erträge zu thesaurieren. Bei thesaurierenden ETF brauchen Sie sich um nichts zu kümmern. Mehr dazu, wie sich dies steuerlich auswirkt, erfahren Sie ab Seite 94. Anleihen-ETF sind eine komfortable Lösung, aber nicht ohne Risiko. Bei der Auswahl sind drei Aspekte besonders wichtig:

Währung ist der Euro. Vermeiden Sie Wechselkursrisiken und wählen Sie für das Pantoffel-Portfolio ausschließlich Anleihen in Euro.

Solide Bonität des Schuldners. Generell gilt: je höher die Rendite, desto höher das Risiko. Um dieses in Grenzen zu halten, kaufen Sie am besten einen ETF auf Euro-Staatsanleihen und/oder Unternehmensanleihen solider Schuldner.

Laufzeit der Anleihen. Anleihen werden am Laufzeitende zwar zum Nennwert zurückgezahlt, doch während der Laufzeit können die Kurse stark schwanken.

Steigen die Renditen am Kapitalmarkt, kann das Kursverluste bedeuten. Denn wie in Kapitel 2 angesprochen, will niemand eine Anleihe mit 2 Prozent Zinskupon zum Preis von 100 Euro erwerben, wenn am Markt aktuell 4 Prozent gezahlt werden. Zwangsläufig sinkt daher der Kurs der niedriger verzinsten Anleihen. In die Gegenrichtung, also nach oben, geht es, wenn die Zinsen sinken. Denn eine „alte" Anleihe mit 4 Prozent Zinsen – bei Anleihen spricht man von Zinskupon – ist mehr wert, wenn am Markt nur noch Anleihen mit einem Zinskupon von 2 Prozent angeboten werden. Entscheidend ist also die Zinsentwicklung am Kapitalmarkt. Betrachten Sie daher auf keinen Fall die bisherige Kursentwicklung des ETF, daraus lassen sich keine Rückschlüsse für die künftige Entwicklung ableiten.

EIGENE ZIELE BEACHTEN: Wer langfristig investiert, kann die Schwankungen am Zinsmarkt auch ganz einfach ignorieren. Legen Sie dagegen kurzfristig an oder wollen, dass ein bestimmter Betrag zu einem bestimmten Zeitpunkt zur Verfügung steht, zum Beispiel für die Finanzierung des Führerscheins, sollten Sie die Zinsentwicklung verfolgen. Rechnen Sie mit steigenden Zinsen, ist es sinnvoll, frühzeitig in kurzfristige Zinsanlagen wie Festgeld oder Tagesgeld oder in einen ETF mit kurzen Laufzeiten umzuschichten.

Anleihen-ETF gibt es mit unterschiedlichen Laufzeiten. So existiert eine Reihe von sogenannten geldmarktnahen ETF. Diese investieren in Zinsanlagen mit einer Laufzeit von bis zu einem Jahr. Andere Varianten sind ETF mit kurzlaufenden Anleihen, die Restlaufzeiten von bis zu drei Jahren aufweisen, oder mittleren beziehungsweise längeren Restlaufzeiten. Diese Anleihen-ETF werden ständig mit neuen Anleihen bestückt, wenn alte Emissionen fällig werden. Die ETF selbst laufen daher unbegrenzt.

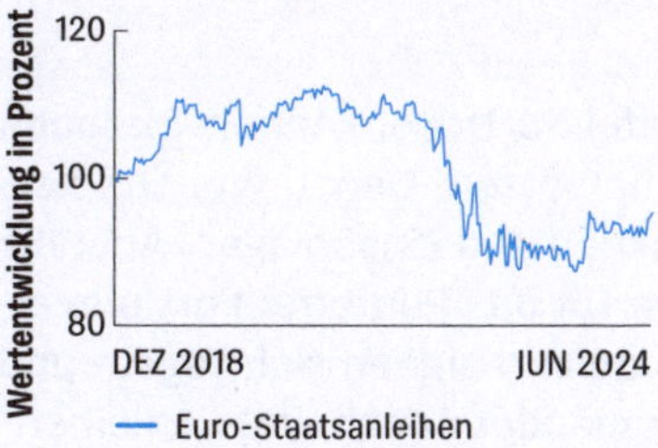

ANLEIHENKURSE IN BEWEGUNG: Mal steigen die Zinsen, mal fallen sie. Daher schwanken auch die Kurse von festverzinslichen Papieren. Klettern die Renditen am Kapitalmarkt, wie das 2022 der Fall war, verlieren Anleihen an Wert. Fallen die Renditen hingegen, bedeutet dies Kursgewinne.

Unterschiedliche Indizes

Wer langfristig Geld anlegt und sich über die Zinsentwicklung keine Gedanken machen will, kann ganz einfach einen ETF auf Anleihen mit gemischten Laufzeiten wählen. Diese bilden die Wertentwicklung von Anleihen mit unterschiedlichen Laufzeiten, zum Beispiel von einem bis zu zehn Jahren und länger, ab. Die Rendite der Anleihen in einem ETF ist abhängig sowohl von der Laufzeit der Anleihen als auch der Bonität der Emittenten, sprich der Zahlungskraft des Schuldners. Allgemein gilt: Je solider ein Schuldner, desto geringer der Zins. So sind Anleihen der Bundesrepublik Deutschland zwar von höchster Bonität, bringen aber weniger Rendite als Euro-Staatsanleihen.

Unsere bevorzugte Wahl sind daher Anleihen-ETF, die mit diversen Euro-Staatsanleihen etwa von Deutschland, Frankreich, Italien, Spanien et cetera oder mit Euro-Unternehmensanleihen solider Schuldner bestückt sind. Zu den bekanntesten Anleihen-Indizes zählen der Bloomberg Euro Treasury oder der Markit iBoxx Sovereigns Eurozone, deren Schwerpunkt auf Staatsanleihen der Euroländer liegt. Daneben existieren weitere ETF auf Anleihenindizes, die sich ebenfalls gut als Basisanlage eignen. Eine Auswahl geeigneter 1.-Wahl-ETF sowie eine Beschreibung der zugehörigen Anleihenindizes finden Sie im Serviceteil ab Seite 150.

Das nachhaltige Pantoffel-Portfolio

Immer mehr Menschen beachten ethische und ökologische Kriterien bei der Geldanlage. Auch die Pantoffel-Strategie gibt es als nachhaltige Variante.

Die Strategie von Finanztest, das Pantoffel-Portfolio, können Sie auch ganz einfach mit nachhaltigen Anlagen umsetzen. Genau wie das normale Pantoffel-Portfolio besteht es aus Aktien und Zinsanlagen. Anstelle eines ETF auf den MSCI World wählen wir für das Pantoffel-Portfolio einen nachhaltigen globalen ETF. Als Zinsbaustein eignen sich Tages- und Festgeldkonten bei einer nachhaltigen Bank oder nachhaltige Anleihen-ETF. Zunächst ein Blick auf die nachhaltigen Aktien-ETF.

Nachhaltige Aktien-ETF

Für Aktienanlegerinnen und -anleger gibt es eine Reihe nachhaltiger ETF, die in der Zusammensetzung den Schwerpunkt auf unterschiedliche Aspekte legen: Zur Auswahl stehen marktbreite Nachhaltigkeitsindizes und auch welche, die den Fokus auf ein bestimmtes Thema richten, zum Beispiel klimaschädliche Treibhausgase. Teilweise werden in diesen Indizes Unternehmen aus dem Bereich fossile Brennstoffe komplett ausgeschlossen.

Finanztest prüft jährlich nachhaltige Fonds und ETF und bewertet sowohl den Anlageerfolg als auch den Auswahlprozess, also wie nachhaltig die Fonds und ETF sind. In der Nachhaltigkeitsbewertung bestimmt die Beurteilung der Ausschlusskriterien die Gesamtnote zur Hälfte, über die andere Hälfte entscheiden weitere Kriterien wie die Auswahlstrategie, die Strenge der Auswahl oder ob ein Nachhaltigkeitsbeirat existiert.

Die beste Bewertung in puncto Nachhaltigkeit erhielt der ETF auf den MSCI World SRI S-Series PAB 5 % Capped Index. 5 % Capped bedeutet, dass bei der quartalsweisen Anpassung das maximale Gewicht einer Aktie im Index 5 Prozent beträgt. Steigen die Aktienkurse jedoch, kann bis zum nächsten Anpassungstermin die 5-Prozent-Marke auch überschritten werden. Besonders deutlich wurde dies im Frühjahr 2024 beim ETF auf den MSCI World SRI Low Carbon Select 5% Issuer Capped und seinem Pendant auf den MSCI All Country World Index. Aufgrund der Kursrallye des US-Chipkonzerns Nvidia kletterte die Gewichtung in den Indizes auf mehr als 7 Prozent und verhalf dem ETF zu einer besonders guten Performance. Gut abgeschnitten in der Nachhaltigkeitsbewertung hat auch der MSCI World Filtered PAB Index, der die Erfüllung der Pariser Klimaziele in den Vordergrund stellt.

Einen Überblick über die besten Indizes und eine Auswahl an geeigneten nachhaltigen Aktien-ETF, die von Finanztest als 1.-Wahl-ETF ausgezeichnet wurden, finden Sie im Serviceteil auf Seite 154 beziehungsweise Seite 155.

Nachhaltige Zinsen

Für den Zinsbaustein stehen, wie beim herkömmlichen Pantoffel-Portfolio, mehrere Anlagen zur Wahl. Eine Reihe nachhaltiger Banken bietet neben nachhaltigen Rentenfonds auch Festgeld- oder Tagesgeldkonten an (siehe hierzu Seite 41). Mit den Einlagen der Kunden werden nachhaltige Projekte finanziert, häufig sind die Konditionen jedoch weniger attraktiv als bei den herkömmlichen Banken und Onlinebrokern.

Finanztest untersucht seit 2024 nachhaltige Rentenfonds und -ETF und beurteilt diese – ebenso wie Aktienfonds und -ETF – sowohl in Bezug auf ihre Nachhaltigkeit als auch dem Anlageerfolg. In der Nachhaltigkeitsbewertung erreichte kein Fonds oder ETF die Bestnote, die zweitbeste Wertung von vier Punkten gab es für Anleihen-ETF mit deutschen Staatsanleihen.

Finanztest empfiehlt für den Zinsanteil im Pantoffel-Portfolio Euro-Staatsanleihen. In Sachen Nachhaltigkeit erreichten diese ETF maximal eine mittelgute Bewertung, stellen aber höhere Renditechancen in Aussicht als deutsche Staatsanleihen. Zwei ETF erhielten drei von fünf möglichen Punkten: der JPM ESG EMU Government Bond Index und der FTSE ESG Select EMU Government Bond Index. Beide ETF umfassen Staatsanleihen der Europäischen Währungsunion.

Anleihen von Staaten sind zwar per Definition nicht nachhaltig und können kritisch betrachtet werden, da Staaten auch Rüstungsgeschäfte tätigen. Doch auch Länder lassen sich nach ethischen und ökologischen Kriterien wie Klima, Umwelt, Staatsführung, Korruption, Menschenrechtsverstöße beurteilen. Am Ende kommt es auf die persönlichen Präferenzen an. Letztendlich entscheiden Sie, wie nachhaltig die Anlage sein soll. Eine Auswahl der besten nachhaltigen Anleihen-ETF, die von Finanztest als 1.-Wahl-ETF ausgezeichnet wurden, finden Sie im Serviceteil auf Seite 156.

Einfache Pflege des Pantoffels

Das Pantoffel-Portfolio fürs Kind ist pflegeleicht und erfordert wenig Zeitaufwand. Damit es auf Dauer gut funktioniert, sollten Sie es mindestens einmal pro Jahr überprüfen.

Ein großer Vorteil des Pantoffel-Portfolio ist der geringe Aufwand. Ist es erst mal erstellt, können Sie sich gelassen zurücklehnen und das Geld für Ihren Nachwuchs arbeiten lassen. Sie brauchen die Entwicklung der Kapitalmärkte nicht ständig zu verfolgen und müssen auch nicht reagieren, wenn die Kurse mal ein paar Prozent steigen oder fallen. Es empfiehlt sich jedoch, mindestens einmal pro Jahr die Entwicklung genauer zu betrachten. Idealerweise an einem Termin, den Sie nicht leicht vergessen. Zum Beispiel zum Jahreswechsel – viele Menschen nutzen den Termin ohnehin, um Bilanz zu ziehen – oder zum Geburtstag des Kindes. Außer der Reihe sollten Sie nur dann einen Blick auf die Entwicklung richten, wenn Sie mitbekommen, dass die Aktienkurse stark gestiegen oder gefallen sind. Üblicherweise thematisieren die Tagesmedien extreme Bewegungen an den Börsen.

Meist ist die Überprüfung schnell erledigt. In den vergangenen 30 Jahren waren beim ausgewogenen Pantoffel-Portfolio, so die Berechnungen von Finanztest, genau acht Anpassungen nötig. Der defensive Pantoffel erforderte nur fünfmal ein Eingreifen, die offensive Variante sogar nur viermal. Sie sehen, es kommt selten vor, doch gelegentlich gerät die Zusammensetzung aus dem Gleichgewicht und muss wieder auf das Ausgangsniveau zurückgesetzt werden. Zum Beispiel, weil nach einer längeren Aufwärtsphase an den Weltbörsen der Anteil an Aktien-ETF zu groß geworden ist. Auch umgekehrt kann nach einem Crash der Aktienanteil zu stark geschrumpft sein.

In letzterem Fall entnehmen Sie dem Zinsanteil Kapital und erhöhen den Aktienanteil, damit die Ausgangsgewichtung wieder im Lot ist. Psychologisch mag es schwierig sein, nach dem starken Kurseinbruch am Aktienmarkt den Aktienanteil zu erhöhen. Doch das antizyklische Anpassen an die Börsenentwicklung ist eines der Erfolgsgeheimnisse der Pantoffel-Strategie. Es folgt starren Regeln, wohlgemerkt ohne Ausnahmen.

Strikte Regel: 10 Prozentpunkte

Nach den Untersuchungen von Finanztest reicht es absolut aus, nur dann aktiv zu werden, wenn die Gewichtung eines Bausteins um mehr als 10 Prozentpunkte von der gewünschten Aufteilung abweicht. Öfter anzupassen würde nur Zeit und Geld kosten. Der Clou des Konzepts liegt darin, stur gegen den Trend zu handeln: bei sinkenden Aktienkursen nachkaufen und nach einem Anstieg einen Teil der Aktien verkaufen.

UMSCHICHTEN VERSUS LIEGENLASSEN: Börsenaltmeister André Kostolany empfahl gerne, Aktien zu kaufen und eine „Schlaftablette (zu) nehmen", um erst nach fünf Jahren zu schauen, was daraus wurde. Dies empfiehlt sich nicht! Kaufen und Liegenlassen, auch bekannt als Buy-and-Hold-Strategie, brachte in den Vergleichsanalysen weniger gute Ergebnisse. Das antizyklische Vorgehen zahlt sich aus.

Die Anpassung nach dem Schwellenwert von 10 Prozentpunkten hat sich bewährt. Beim ausgewogenen Pantoffel-Portfolio, das je zu 50 Prozent aus Aktien-ETF und 50 Prozent Zinsanlagen besteht, bedeutet das: Angepasst wird, wenn eine der beiden Komponenten ein Gewicht von 60 Prozent oder mehr und die andere 40 Prozent oder weniger erreicht. Bei einem Portfolio von 10 000 Euro wäre das der Fall, wenn der Aktienanteil 6 000 Euro und der Zinsanteil 4 000 Euro wert ist. In diesem Fall verkaufen Sie Aktien-ETF im Wert von 1 000 Euro und erhöhen mit dem Erlös den Zinsanteil um 1 000 Euro. Einfach berechnen können Sie die nötigen Aktionen mit dem Rechner (kostenlos) von Finanztest: test.de/pantoffel-umschichten. Hier ein Überblick, wann Sie eingreifen sollten:

Defensives Pantoffel-Portfolio: Übersteigt der Anteil der Aktien-ETF 35 Prozent oder sinkt der Zinsanteil auf 65 Prozent oder darunter, reduzieren Sie die Aktien-ETF-Position auf 25 Prozent und erhöhen mit dem Verkaufserlös den Zinsanteil.

Ausgewogenes Pantoffel-Portfolio: Übersteigt der Anteil einer Komponente 60 Prozent und sinkt die andere auf 40 Prozent oder tiefer, werden beide Teile wieder auf das Ausgangsniveau von 50 Prozent gebracht.

Offensives Pantoffel-Portfolio: Übersteigt der Anteil der Aktien-ETF 85 Prozent oder sinkt unter 65 Prozent, liegt der Zinsanteil bei 15 beziehungsweise 35 Prozent und muss wieder auf 25 Prozent gesetzt werden.

04

Regelmäßig sparen fürs Kind

Die Sparrate festlegen

Sparen lohnt vor allem, wenn Sie das Geld gut investieren. Das funktioniert mit großen wie kleinen Beträgen, also auch schon mit 5 Euro im Monat.

Kinder kosten Geld: 763 Euro pro Monat geben Paare für den Nachwuchs aus, so das Statistische Bundesamt (Stand 2018). Vielen Familien bleibt am Ende des Monats kaum Geld übrig, weshalb sie sich keine Gedanken über eine Sparanlage für den Nachwuchs machen. Dabei können schon kleine Beträge am Ende viel bewirken. Wenige Euro reichen aus, um einem Jugendlichen zum 18. Geburtstag oder später eine Freude zu bereiten. Zum Glück gibt es das Kindergeld. Wenn es finanziell machbar ist, können Eltern einen Teil davon abzweigen und in einen Sparvertrag stecken. Oder gehören Sie zu den glücklichen Großeltern, die für die Enkel regelmäßig etwas auf die Seite legen können? Auch Paten, Tanten, Onkel et cetera können dem Nachwuchs etwas zukommen lassen.

Eigene Finanzen haben Vorrang

Sparen Sie aber nur, wenn Sie keine Schulden – mit Ausnahme eines Immobilienkredits – haben. Wer gelegentlich das Geld für eine Tasse Kaffee oder mehr sparen kann, tut gut daran, für den Nachwuchs regelmäßig einen kleinen Betrag zur Seite zu legen. Schon 5 Euro reichen aus, um Geld anzulegen. Zum Teil ermöglichen Banken Sparverträge sogar schon ab einem Euro, andere wiederum verlangen eine höhere Mindestanlage (siehe Seite 118).

Zweifellos freut sich der Nachwuchs über viel Geld, aber auch eine kleine Summe ist ein willkommener Beitrag, wenn Sie es finanziell ermöglichen können. Eine Geste, über die sich Kinder in den meisten Fällen freuen. Denn jeder Euro zählt, wenn der Führerschein ansteht, ein junger Mensch die erste eigene Wohnung einrichtet oder ins Studium startet. Zudem können Sie das Kind an das Thema Geldanlage heranführen, wenn Sie offen darüber sprechen. So lernt der Nachwuchs früh, dass sich Sparen lohnt.

Auf die Frage, wie viel Sie sparen sollten, gibt es keine pauschale Antwort. Generell ist es immer sinnvoll, einen Sparplan für das Kind zu starten, sobald Sie über die nötigen Mittel verfügen. Sie sollten sich aber keinesfalls verschulden. Wenn Sie also gerade so über die Runden kommen und am Monatsende stets das Geld knapp ist, sollten Sie das Sparen für den Nachwuchs erst dann starten, wenn sich Ihre finanzielle Situation bessert. Wie Sie finanzielle Spielräume schaffen können, haben Sie bereits in Kapitel 1 gelesen.

Andere wiederum sind finanziell gut situiert und fragen sich, wie viel Geld sie idealerweise für den Nachwuchs regelmäßig zur Seite legen sollten. Wenn Sie sehr vermögend sind, sollten Sie die steuerlichen Freibeträge beachten (siehe Kapitel 5, Seite 83). Haben Sie als Eltern ausreichend Geld zur Verfügung und benötigen das Kindergeld oder einen Teil davon nicht, um den Lebensunterhalt zu bestreiten, können Sie dieses teilweise oder auch komplett für den Nachwuchs anlegen. Vergessen Sie dabei aber nicht, an Ihre eigene Altersvorsorge zu denken. Zuerst sollten Sie diese angehen, dann kommt das Sparen für den Nachwuchs.

Ziel: 10 000 Euro in 18 Jahren

Welchen Betrag müssen Sie monatlich aufwenden, wenn Sie eine bestimmte Summe erreichen wollen? Nehmen wir mal an, Sie wollen 10 000 Euro bis zum 18. Geburtstag des Kindes ansparen. Auf Seite 15 finden Sie eine Übersicht, wie viel Geld Sie dafür – je nach Ihrer Renditeerwartung – monatlich aufwenden müssen. Sollen es 5 000 sein, halbieren Sie die Sparrate im nachfolgenden Beispiel, oder bei 20 000 Euro verdoppeln Sie ganz einfach den angegebenen Betrag.

Tipp: Wenn Sie selbst errechnen wollen, wie viel ein bestimmter monatlicher Sparbetrag über die Jahre bringt, können Sie den kostenlosen Sparrechner von Finanztest nutzen (test.de, Suche „Sparrechner").

Die Höhe der Sparrate ist sowohl von der erwarteten Rendite als auch von der Zeit abhängig. Die Zeit können Sie festsetzen. Als Ziel können Sie sich für ein Neugeborenes zum Beispiel den 18. Geburtstag vornehmen oder den 30. und so eine Basis für ein Eigenheim schaffen. Eltern können so mittels eines Sparvertrags frühzeitig Vermögen an den Nachwuchs übertragen. Dabei sollten Sie aber die steuerlichen Regeln zu Schenkungen beachten. Mehr dazu siehe Kapitel 5, Seite 97.

Zinseszinseffekt und Renditechancen nutzen

Generell gilt: Je länger Sie einzahlen, desto mehr Geld sammelt sich und desto stärker wirkt der Zinseszinseffekt. Denn die erzielten Zinsen – bei Aktien-ETF sind es die Dividendenausschüttungen der Unternehmen – werden wiederangelegt und bringen ebenfalls Erträge. So arbeitet das Geld für Sie beziehungsweise den Nachwuchs. Das kommt Ihnen sicherlich bekannt vor aus dem Beispiel mit dem Schneeball, der immer dicker wird, je länger und weiter er ins Tal rollt (Kapitel 1).

Größer wird dieser auch, wenn das Kapital am Aktienmarkt angelegt wird und die Aktienkurse steigen. Da mit Aktienanlagen langfristig die höchsten Renditen möglich sind, können Sie, insbesondere wenn Sie für Neugeborene oder Kinder im Vorschulalter Geld sparen, die gesamte Sparrate in einen global anlegenden Aktien-ETF investieren. Gut geeignet ist ein Sparplan auf einen global anlegenden Aktienindex wie den MSCI World. Je älter die Kinder werden, desto eher sollten Sie Risiken meiden. Ansonsten laufen Sie Gefahr, dass Sie Ihr Sparziel nicht erreichen. Für ältere Kinder ist daher eine Mischung aus Aktien und Zinsanlagen nach dem Pantoffel-Konzept meist eine gute Lösung.

Pantoffel-Strategie

Das Pantoffel-Portfolio ist einfach, bequem und praktisch. Doch ganz ohne Aufwand geht es nicht. Denn Sie brauchen eine Bank und wählen einen Aktien-ETF und eine Zinsanlage aus, die Sie besparen. Je nach Risikobereitschaft sparen Sie zwischen einem Viertel und drei Vierteln der geplanten Sparsumme in sichere Zinsanlagen und den Rest in Aktien-ETF an. Wir haben die Strategie, die sich sehr gut für Kinder eignet, auf Seite 51 ausführlich vorgestellt. Hier in Kurzform die drei Varianten: Das defensive Pantoffel-Portfolio besteht aus 75 Prozent Zinsanlagen und 25 Prozent Aktien-ETF, das ausgewogene aus je 50 Prozent Aktien-ETF und Zinsanlagen, das offensive Pantoffel-Portfolio aus 75 Prozent Aktien-ETF und 25 Prozent Zinsanlagen.

Ist Ihre monatliche Sparrate niedrig und die Bank verlangt eine Mindestanlage für einen der beiden Bausteine, können Sie abwechselnd in die Verträge einzahlen. Das bedeutet, einen Monat besparen Sie den Aktien-ETF, und im nächsten Monat fließt die Sparrate in die Zinsanlage.

Flexibilität

Sparen für Kinder ist einfach und flexibel. In der Regel können Sie bei einem Sparplan für einen Aktien-ETF auch mal eine oder mehrere Monatsraten aussetzen oder erhöhen. Zum Beispiel, wenn der Nachwuchs zum Geburtstag oder einem anderen Anlass Geldgeschenke erhält und diese anlegen will oder Sie anstelle von Spielzeug Geld schenken.

Andererseits können Sie per Mausklick die monatliche Rate auch entfallen lassen, wenn es finanziell mal nicht so gut läuft, weil Sie an anderer Stelle hohe Ausgaben haben. Setzen Sie einen oder mehrere Monate aus, sparen Sie zu einem späteren Zeitpunkt wie gewohnt weiter. Sie müssen die entfallenen Zahlungen nicht nachzahlen, können dies aber tun. In diesem Fall erhöhen Sie die Sparrate zum passenden Zeitpunkt. Generell sollten Sie regelmäßig einzahlen, aber das Sparen für den Nachwuchs soll auch nicht zum großen Stressfaktor für Sie und die Familie werden. Teilen Sie die Änderungen der Bank rechtzeitig mit, bei den Onlinebanken funktioniert das ganz einfach per Mausklick.

Nachhaltig mit Sparplänen anlegen

Wollen Sie beim Sparplan für den Nachwuchs nachhaltige Investments wählen, ist das durchaus möglich. Auch hier gilt: Bei kleinen Kindern können Sie eine hohe Aktienquote wählen. Relativ einfach funktioniert nachhaltiges Anlegen für Kinder mit einem ETF-Sparplan auf einen nachhaltigen Aktienindex. Eine Auswahl an nachhaltigen ETF, die von Finanztest mit dem Siegel „1.-Wahl" ausgezeichnet wurden, finden Sie im Serviceteil ab Seite 150.

Beachten Sie dabei, dass 1. Wahl nicht die Nachhaltigkeit beurteilt, sondern die Qualität des ETF. 1. Wahl-ETF schneiden innerhalb ihrer Vergleichsgruppe gut ab. Neben diesem Qualitätsurteil untersuchte Finanztest die Indizes auf ihre Nachhaltigkeit und bewertete die ETF. Die auf Seite 154 aufgeführten nachhaltigen Aktien-ETF erhielten in der Nachhaltigkeitsbewertung von Finanztest drei von fünf möglichen Punkten. Besser als Aktien-ETF haben in puncto Nachhaltigkeitsbewertung in der Analyse von Finanztest aktiv gemanagte Aktienfonds abgeschnitten. Bei diesen wählt ein Fondsmanager die einzelnen Aktien aus, was in der Regel mit höheren Gebühren als bei ETF üblich verbunden ist. Je nach Geschick des Fondsmanagements können die Ergebnisse jedoch sehr unterschiedlich ausfallen, weshalb Finanztest ETF präferiert. Diese entwickeln sich im Gleichtakt mit dem zugrunde liegenden Index.

Für den Zinsbaustein können nachhaltig orientierte Anlegende einen ETF auf deutsche oder europäische Staatsanleihen wählen. Eine Auswahl finden Sie auf Seite 156. Deutsche Staatsanleihen weisen eine bessere Nachhaltigkeitsbewertung als Staatsanleihen der Eurozone auf, bieten dafür aber weniger Rendite. Legen Sie besonders hohen Wert auf nachhaltige Kriterien, können Sie auch einen Zinssparplan bei einer reinen Nachhaltigkeitsbank abschließen, müssen allerdings niedrigere Renditen als bei ETF in Kauf nehmen. Fallen Zusatzkosten für die Kontoführung an, sollten Sie diesen Anbieter meiden, da diese die Rendite schmälern und Sie Gefahr laufen, dass die Kosten an Ihren monatlichen Sparraten zehren.

Früh starten bei kleinen Kindern

Regelmäßig Geld für Kinder anzulegen ist einfach und zahlt sich aus. Wer früh beginnt, kann am meisten aus dem Geld machen.

Wer regelmäßig Geld für den Nachwuchs zur Seite legt, darf zusehen, wie neben dem Kind auch das Vermögen wächst. Wie viel das bringt, dürfte so manchen überraschen: Wenn Sie zum Beispiel für ein Neugeborenes monatlich 25 Euro – ein Zehntel des Kindergeldes – in einen Sparplan anlegen, summieren sich allein die Einzahlungen nach 18 Jahren auf 5400 Euro. Obendrauf kommen die Erträge. Und die sind abhängig von der Wahl Ihrer Anlage.

Was aus 25 Euro pro Monat wird

Wollen Sie es sich ganz einfach machen und wählen einen Zinssparplan bei einer Bank, der zum Beispiel 3 Prozent Zinsen pro Jahr bringt, werden aus den 25 Euro pro Monat nach 18 Jahren 7138 Euro. Bei einer jährlichen Rendite von 2 Prozent wären es dagegen „nur" 6493 Euro. Für den Führerschein, der heute im Schnitt 2600 bis 3500 Euro kostet, sollte das unter Berücksichtigung der Preissteigerungen ausreichen.

Aus 25 Euro monatlich können deutlich mehr werden, wenn Sie in einen Aktien-ETF investieren. Wie Sie inzwischen bereits wissen, bringen Aktien langfristig die höchsten Erträge. Klar sind sie unsicherer als feste Zinsanlagen, doch bei Neugeborenen und kleinen Kindern bis zum Alter von fünf Jahren haben Sie viel Zeit. Häufig wird das Kapital auch nicht am 18. Geburtstag abgezogen, sondern bleibt weiter investiert. Übrigens kann der Sparvertrag auch über das 18. Lebensjahr hinaus fortgeführt werden. ETF-Sparpläne haben keine feste Laufzeit, sie können beliebig lange bespart werden.

Strategie für Neugeborene und Kleinkinder

Wer langfristig anlegt, also 15 Jahre und länger, kann die üblichen Schwankungen an den Aktienmärkten gelassen ignorieren und mehr Risiko wagen. Für die ganz Kleinen können Sie entweder getreu der Pantoffel-Strategie 25 Prozent Zinsanlagen beimischen und die offensive

Zeiteffekt: Die Hälfte des Kindergelds in Aktien-ETF sparen

Früh starten lohnt. Wer ab der Geburt eines Kindes die Hälfte des Kindergelds in einen Aktien-ETF-Sparplan steckt, kann bei einer jährlichen Rendite von 6 Prozent – mit Aktien-ETF auf den MSCI World ist das durchaus möglich – zum 18. Geburtstag mehr als 47 000 Euro übergeben. Auch ein späterer Beginn lohnt, doch aufgrund der Aktienmarktschwankungen nimmt das Risiko von Aktien-ETF zu.

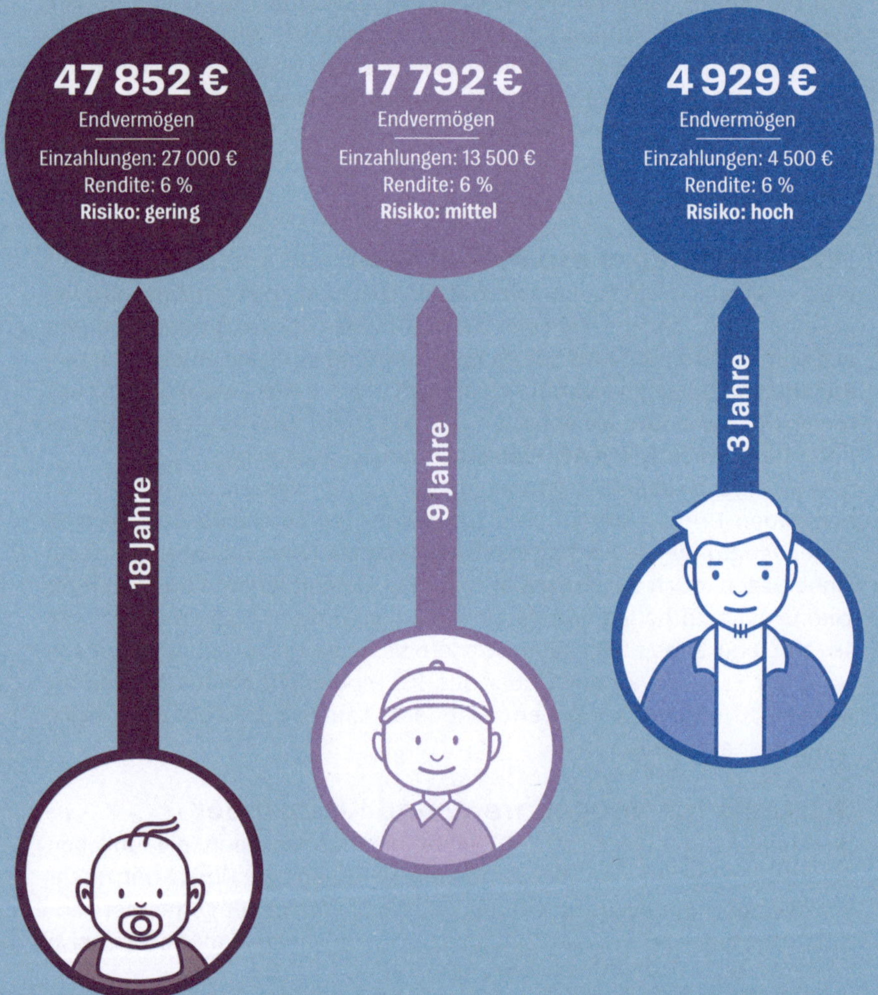

Pantoffel-Variante wählen oder ganz einfach die gesamte Sparrate in einen ETF-Aktiensparplan – zum Beispiel auf den MSCI World Index – einzahlen. In letzterem Fall nutzen Sie die Schwankungen der Märkte voll aus: Sind die Aktienkurse mal etwas tiefer, erhalten Sie für Ihren festen Monatsbeitrag mehr ETF-Anteile. Bei höheren Kursen gibt es dagegen weniger. Auch bei kräftigen Rückschlägen sparen Sie stur weiter. Mit diesem Ansatz handeln Sie antizyklisch und können mit einem Aktien-ETF dauerhaft überdurchschnittliche Ergebnisse erzielen.

Realistisch kalkulieren

Welcher Betrag sich in den 18 Jahren angesammelt haben wird, lässt sich nicht genau berechnen, denn die zukünftige Entwicklung der Aktienkurse ist ungewiss. Orientieren wir uns an den historischen Ergebnissen: Ganz langfristig sind mit Aktien 6 bis 7 Prozent Rendite pro Jahr realistisch. Zuletzt waren es sogar deutlich mehr: In den 18 Jahren von Ende 2005 bis Ende 2023 legte der MSCI World Index im Durchschnitt pro Jahr um stattliche 10,8 Prozent zu.

Ein Kind, das Ende 2023 volljährig wurde, hätte damit – unter Berücksichtigung von 0,5 Prozent jährlichen Gebühren – mit einem ETF-Sparplan auf den MSCI World Index gut 15 593 Euro zur Verfügung, also knapp das Dreifache der eingezahlten Summe. Und das bei einer monatlichen Sparrate von „nur" 25 Euro. Das ist beachtlich, aber sind diese Zahlen auch in der Zukunft realisierbar?

Gute Zeiten, schlechte Zeiten

Eher nein, zweistellige Renditen sind am Aktienmarkt in einzelnen Phasen zwar immer wieder möglich, aber über ganz lange Zeiträume hinweg eher die Ausnahme als die Regel. Abhängig sind die Ergebnisse von der Höhe der Einzahlung, der Rendite sowie der Spardauer. Bei 6 bis 7 Prozent jährlicher Rendite bringt eine monatliche Sparrate von 25 Euro nach 18 Jahren zwischen 9 522 Euro und 10 530 Euro.

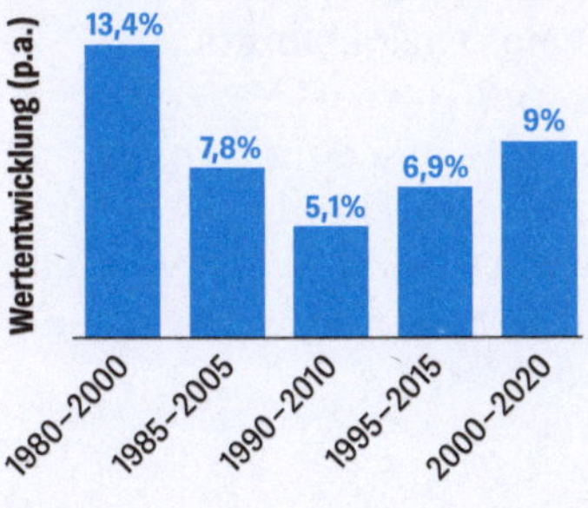

Quelle: DAI

DURCHSCHNITTLICHE RENDITEN PRO JAHR: Unterschiedlich hoch, aber stets positiv war die jährliche Durchschnittsrendite bei einer Anlagedauer von 20 Jahren mit ETF auf den bekannten MSCI World Index.

Und was, wenn es mal ganz schlecht läuft? Bei 2 Prozent jährlicher Rendite werden aus den Einzahlungen von insgesamt 5400 Euro „nur" 6493 Euro. Im schlechtesten Fall, also jahrzehntelang sinkenden Kursen, würde ein Teil der Einzahlungen sogar aufgezehrt. In den vergangenen 50 Jahren war das jedoch in keinem Zeitabschnitt von mehr als 13 Jahren mit einem Aktiensparplan auf den MSCI World der Fall. Die Berechnungen von Finanztest belegen, dass sich die Schwankungen über lange Zeiträume ausgleichen.

Je länger Sie also investieren, desto weniger wirken sich zwischenzeitliche Turbulenzen an den Börsen aus. In der schlechtesten 12-Monats-Phase – vom Frühjahr 2002 bis zum Frühjahr 2003 – belief sich das Minus auf 39,1 Prozent. Dagegen lag in der besten Phase von Mitte 1996 bis Mitte 1997 die Rendite bei stattlichen 66,1 Prozent.

So hoch ist die monatliche Sparrate

Bleiben wir bei unserem Beispiel, 10000 Euro in 18 Jahren erreichen zu wollen und kein Risiko in Kauf zu nehmen, sondern alles in einen Sparvertrag mit 3 Prozent jährlicher Rendite zu stecken. Dafür zahlen Sie monatlich 36 Euro ein. Hier ist nicht garantiert, dass die Rendite dauerhaft 3 Prozent beträgt, da Sparverträge in der Regel nicht so lange laufen. Gehen Sie dagegen mutig vor und legen das Geld in einen breit streuenden Aktien-ETF an, können Sie mit 6 Prozent kalkulieren und müssen pro Monat nur 27 Euro aufbringen. Aus heutiger Sicht können Sie das Ergebnis aber nicht genau vorhersagen, es können also deutlich mehr oder weniger als 10000 Euro sein. Denn die erwarteten Erträge am Aktienmarkt lassen sich nicht genau beziffern.

Wenn Sie mit dieser Unsicherheit und dem Aktienmarktrisiko gut leben können, dann sollten Sie in Anbetracht der langen Sparphase einen Sparvertrag für einen Aktien-ETF bei einer Onlinebank oder einem Discountbroker abschließen. Gut eignet sich dafür ein 1.-Wahl-ETF auf einen weltweit anlegenden Aktienindex wie den MSCI World. Mehr zum Index, seinen Stärken wie Schwächen, finden Sie auf Seite 55. Achten Sie hier auf möglichst günstige Konditionen des Onlinebrokers.

PRAXISTIPP: Bevorzugen Sie Angebote, bei denen keine Gebühren für die Depotführung oder beim Kauf der ETF-Anteile anfallen. Prüfen Sie, auf welche ETF, die im Serviceteil als 1.-Wahl-ETF aufgeführt sind, Ihre bevorzugte Direktbank einen kostenlosen ETF-Sparplan anbietet.

Pantoffel-Sparpläne im Check

Wer regelmäßig in einen Sparplan einzahlt, mehrt das Vermögen und profitiert vom Zinseszinseffekt. Die Grafik zeigt die Ergebnisse der Pantoffel-Varianten in den letzten 20 Jahren, bei einer monatlichen Sparrate von 200 Euro.

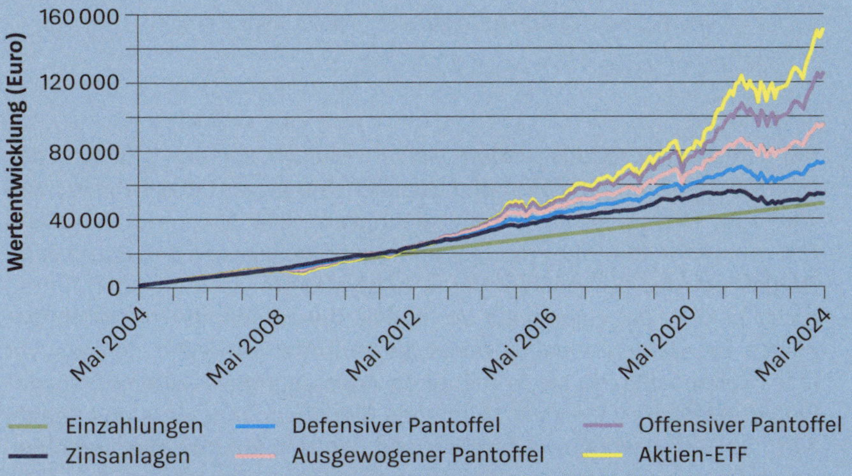

Ein genauer Blick verdeutlicht die Ergebnisse abhängig von der Anlagedauer und der Anlagevariante. Den Berechnungen liegen MSCI World und Euro-Anleihen-ETF zugrunde. Letztere brachten in der Phase der Null- und Negativzinsen Verluste.

Sparplan-Strategie	Rendite (% p.a.) bei einer Laufzeit von ... Jahren					Schlechteste Rendite über ... Jahre (% p.a.)	
	30	20	10	5	1	10	1
ZINSANLAGE	2,4	1,1	-1,6	-3,5	0,0	-0,1	-17,3
DEFENSIVER PANTOFFEL	4,4	3,9	2,1	1,1	5,3	2,2	-16,0
AUSGEWOGENER PANTOFFEL	6,0	6,3	5,5	5,4	10,7	-0,3	-17,7
OFFENSIVER PANTOFFEL	7,4	8,7	8,9	9,2	16,1	-3,3	-28,3
AKTIEN-ETF	8,3	10,3	11,4	12,7	21,6	-6,1	-39,1

Die Berechnungen zeigen die Wertentwicklung von Sparplänen auf den MSCI-World-ETF und Euro-Anleihen-ETF. Dabei wurden Sparplankosten sowie Handelskosten bei Umschichtungen berücksichtigt. Für die Berechnungen der schlechtesten Rendite wurde ein Zeitraum von 30 Jahren herangezogen. Quelle: LSEG, eigene Simulationen, Stand 31. Mai 2024

Sparen ab dem Grundschulalter

Starten Sie einen Sparplan für ein Kind im Grundschulalter oder später, ist das Pantoffel-Portfolio eine gute Wahl.

Mit dem Alter der Kinder ändern sich die Bedürfnisse und Wünsche des Nachwuchses. Mobiltelefon und Sneaker sind gefragt, der Führerschein wird zum Thema, je näher die Volljährigkeit rückt. Während die Jugend mit zunehmendem Alter mutiger und unabhängiger von den Eltern wird, ist das bei der Geldanlage genau andersherum: Je näher der Termin rückt, zu dem das Kapital zur Verfügung stehen soll, desto vorsichtiger sollten Sie werden. Ideal ist meist die Pantoffel-Strategie, sie passt für jedes Lebensalter, da sie in mehreren Ausprägungen – offensiv, ausgewogen, defensiv – existiert. Wir gehen hier davon aus, dass das Kapital zum 18. Geburtstag bereitstehen soll. Anders können Sie vorgehen, wenn das Kapital nicht zu einem festen Zeitpunkt benötigt wird und Sie langfristig sparen wollen. Dann erscheint eine hoher Aktienanteil sinnvoll – je nach Anlagehorizont und Risikobereitschaft auch 100 Prozent. Sie sollten daher frühzeitig überlegen, ob ein festes Sparziel bis zum 18. Geburtstag erreicht oder das Geld darüber hinaus angelegt werden soll.

Bestehende Sparpläne

Wollen Sie regelmäßig Geld für ein älteres Kind sparen, sollten Sie aufgrund der begrenzten Sparphase nicht nur auf Aktien setzen, sondern auch sichere Zinsanlagen beimischen. Achtung, das gilt nur für neue Sparpläne für ältere Kinder. Haben Sie bereits einen Sparplan für ein Kind in den ersten Lebensjahren angelegt, verändern Sie nichts! Auch mit zunehmendem Alter der Kinder bleibt die einmal festgesetzte Strategie bestehen. Besparen Sie also seit der Geburt eines Kindes einen ETF-Sparplan auf den MSCI World, zahlen Sie unverändert weiter in diesen Aktien-Sparplan bis zur Volljährigkeit ein – und nach Belieben auch darüber hinaus. War Ihr Ausgangsmodell 100 Prozent MSCI World-ETF, besparen Sie diesen Sparplan Monat für Monat weiter. Ist das Geld hingegen auf einen Aktien- und einen Zinssparplan verteilt, dann behalten Sie die Gewichtung bei.

Pantoffel-Strategie reduziert das Risiko

Wer jedoch heute für ein Kind ab dem Alter von acht Jahren einen Sparplan startet, hat bis zum 18. Geburtstag nur zehn Jahre oder weniger Zeit. Da mit einem Aktien-ETF bei einer Spardauer von weniger als zehn Jahren das Risiko von Verlusten steigt, teilen Sie – getreu dem Pantoffel-Prinzip – den Sparbetrag auf zwei Sparpläne auf: Ein Teil wandert in einen Aktien-ETF, der andere in einen Anleihen-ETF oder sichere Zinsanlagen wie Banksparplan, Tages- oder Festgeld.

Im Grundschulalter erscheint eine Aktienquote von 75 Prozent ein guter Kompromiss. Für einen 15-Jährigen hingegen, für den Sie Geld für den Führerschein ansparen, sollte die Aktienquote niedriger sein. Soll das Kapital am Ende ganz sicher zur Verfügung stehen, kommen nur sichere Zinsanlagen, bei denen keine Kursschwankungen drohen, wie zum Beispiel Festgeld, Tagesgeld oder ein Banksparplan infrage.

Strategien je nach Alter

Abgeleitet aus den historischen Renditen eignen sich nachfolgende Strategien, wenn das Sparziel zum 18. Geburtstag erreicht werden soll. Beachten Sie, dass mit einem Aktien-ETF die Chancen steigen, aber die Einzahlungen nicht garantiert sind. Denn Aktienanlagen bergen, wie Sie ja nun wissen, eben ein gewisses Risiko. Je nach Start kommen diese Konzepte infrage, wenn das Geld zum 18. Geburtstag parat liegen soll:

Start mit 13 bis 17 Jahren: 100 Prozent Zinsanlagen oder defensive Pantoffel-Strategie aus 75 Prozent Zinsanlagen und 25 Prozent Aktien-ETF. Die defensive Pantoffel-Variante eignet sich gut für Kinder ab 13 oder 14 Jahren, da nur wenig Zeit bis zum 18. Geburtstag bleibt.

Start mit 10 bis 12 Jahren: 50 Prozent Zinsanlagen und 50 Prozent Aktien-ETF. Der ausgewogene Mix birgt ein gewisses Risiko. In Anbetracht der sechs bis acht Jahre, die bis zur Volljährigkeit verbleiben, bietet die ausgewogene Strategie aber auch Chancen auf höhere Erträge durch den Aktienanteil. Wenn Sie vorsichtiger agieren wollen, dann können Sie den Aktienanteil auf 25 Prozent reduzieren und 75 Prozent in eine Zinsanlage sparen.

Start mit 6 bis 10 Jahren: 25 Prozent Zinsanlagen und 75 Prozent Aktien-ETF oder 50/50-Mix. Bis zum 18. Geburtstag bleibt viel Zeit, um auch mal einen Rücksetzer am Aktienmarkt auszusitzen. Der Zinsbaustein stabilisiert die Rendite.

Ob Sie ganz auf Zinsanlagen setzen oder den Aktienteil höher beziehungsweise niedriger gewichten, hängt zum einen von Ihrer Risikobereitschaft und zum anderen von Ihren finanziellen Mitteln und den Zielen ab. Verfügen Sie über ausreichend finanzielle Mittel, auf die Sie schnell zurückgreifen können, sind Sie nicht darauf angewiesen, dass das Kapital an einem bestimmten Tag wie zum 18. Geburtstag oder schon vorher für die Finanzierung des Führerscheins, zur Verfügung stehen muss. In diesem Fall können Sie eine höhere Aktienquote wählen und etwas mehr Risiko eingehen. Ist das nicht der Fall, sollten Sie eine defensivere Variante wählen und mit zunehmendem Alter des Kindes komplett auf sichere Zinsanlagen setzen.

Pantoffel anpassen plus Auszahlstrategie

Das angesparte Geld braucht wenig Pflege und kann später auch in eine monatliche Auszahlung verwandelt werden und so das Studium oder die Ausbildung (mit)finanzieren.

Das Pantoffel-Portfolio braucht wenig Überwachung. Sie können gelegentlich die Entwicklung verfolgen und zusehen, wie sich das Vermögen (hoffentlich kontinuierlich) vermehrt. Doch nicht immer läuft alles nach Plan. Manchmal ruckelt es an den Börsen kräftig, oder die Kurse steigen rasant. Dann passiert es leicht, dass sich die Gewichte im Pantoffel-Portfolio verändern und der Aktienanteil fällt oder steigt. Ist der Anteil an Aktien-ETF zu groß geworden, wird dieser wieder reduziert, um die ursprüngliche Gewichtung wiederherzustellen.

Schwelle: 10 Prozentpunkte

Leichte Verschiebungen bis zu 10 Prozentpunkten können Sie ignorieren (siehe Seite 64/65). Steigt aber zum Beispiel bei einem ausgewogenen Pantoffel-Portfolio das Gewicht des Aktienanteils um 10 Prozentpunkte oder mehr, das heißt auf 60 Prozent oder darüber, weil die Aktienkurse kräftig zugelegt haben, müssen Sie reagieren, um die Gewichtung wieder ins Lot zu bringen. Ebenso, wenn die Aktienkurse stark fallen.

Sie haben bei Sparplänen zwei Möglichkeiten: Sie können auf einen Schlag einen Kauf- und einen Verkaufsauftrag erteilen und so das angesparte Vermögen wieder ins Gleichgewicht bringen. Damit haben Sie zwar die Gewichtung wieder schnell auf das Ausgangsniveau zurückgesetzt, für Kauf und Verkauf fallen jedoch üblicherweise Ordergebühren an, die Sie vermeiden können.

Eine andere Vorgehensweise, mit der Sie die Gebühren für Kauf und Verkauf von ETF sparen können, ist das Umlenken der Sparrate für eine Weile. Sie brauchen hierfür keine Papiere zu kaufen oder zu verkaufen, sondern setzen einfach die monatliche Sparrate des „übergewichtigen" Bausteins so lange aus, bis die Zielgewichtung erreicht ist, und investieren beide Sparraten in den untergewichtigen Teil. Das nimmt etwas mehr Zeit in Anspruch und kann unter Umständen mehrere Monate dauern, bis die ursprüngliche Gewichtung wiederhergestellt ist.

Angenommen, Sie sparen jeden Monat 100 Euro für den Nachwuchs in einen ausgewogenen Pantoffel, also 50 Euro in einen Anleihen-ETF und 50 Euro in einen Aktien-ETF. Sinkt der Aktienanteil nach einer Korrektur an den Börsen auf 40 Prozent, unterbrechen Sie den Sparplan für den Anleihen-ETF und erhöhen die Sparrate für den Aktien-ETF um 50 Euro, sprich der gesamte Sparbetrag von 100 Euro fließt in den Aktien-ETF. Diese Konstellation belassen Sie so lange, bis die Zielgewichtung von je 50 Prozent erreicht ist.

Bei den Direktbanken können Sie die gewünschten Anpassungen der Sparpläne vom heimischen Computer aus steuern. Vergessen Sie aber nicht, den temporär stillgelegten Sparplan wieder zu aktivieren, wenn die Zielgewichtung erreicht ist.

Auszahlplan

Haben Sie Geld für den Nachwuchs angespart, damit es später für das Studium oder als Zusatzzahlung während einer Ausbildung zur Verfügung steht, können Sie einen Auszahlplan einrichten. De facto funktioniert dieser wie ein umgekehrter Sparplan. Anstelle der regelmäßigen Einzahlungen können Sie monatlich Geld entnehmen und dem Sprössling zukommen lassen. Das funktioniert problemlos, wenn Sie das Geld auf Ihren Namen angelegt haben. Lautet der Sparvertrag auf den Namen des Kindes, sollten Sie frühzeitig über diesen Plan sprechen, damit das Kind nicht andere Pläne schmiedet und mit 18 Jahren das Geld anderweitig verwendet (siehe auch Kapitel 7).

Für die Auszahlung gibt es unterschiedliche Strategien, die Finanztest ursprünglich für die spätere Auszahlung im Rentenalter entwickelt hat. Diese funktionieren aber genauso für junge Menschen. Wollen Sie die möglichen Auszahlraten berechnen, können Sie den Entnahme-Rechner von Finanztest (kostenpflichtig) nutzen. Sie finden diesen unter: test.de/entnahmerechner.

Die Höhe der Auszahlung hängt von der angesparten Summe und der Auszahlungsdauer ab. Je länger die Laufzeit, desto weniger Geld bleibt für die monatliche Überweisungsrate. Zudem müssen Sie entscheiden, ob das in Aktien-ETF investierte Vermögen zum Studien- oder Ausbildungsbeginn aufgelöst werden soll oder nicht. Bleiben sie bestehen, können die Auszahlungen später höher oder niedriger ausfallen.

So wird ausgezahlt

Die einfachste Variante: Sie lösen am Ende der Sparphase die Sparpläne komplett auf, sprich Sie verkaufen die ETF und legen das Kapital auf einem Tagesgeld- oder Festgeldkonto an. Damit können Sie weitgehend kalkulieren, wie hoch die monatlichen Raten ausfallen. Einziger Unsicherheitsfaktor ist die zukünftige Verzinsung. Um eine monatliche Auszahlrate zu errechnen, teilen Sie den Verkaufserlös zunächst durch die Anzahl der geplanten Studienjahre. So ermitteln Sie den Betrag, der dem oder der Jugendlichen pro Jahr zur Verfügung steht. Dividiert durch zwölf ergibt sich die monatliche Auszahlung, die dann per Dauerauftrag auf das Girokonto des Kindes überwiesen werden kann.

Eine andere Variante ist die sukzessive Auflösung. Hier werden die Aktien- und die Zinsposition nach und nach aufgelöst. Dann „arbeitet" das Geld weiter und kann Erträge bringen. Die genaue Auszahlungssumme lässt sich in diesem Fall allerdings nicht berechnen, denn die Kurse des Aktien-ETF schwanken – und damit auch das Vermögen. Kommt es zu einem herben Rücksetzer am Aktienmarkt, steht unter Umständen nicht mehr so viel Geld zur Verfügung, wie Sie ursprünglich für die regelmäßige Auszahlung geplant hatten. Steigen die Kurse dagegen, sind höhere Auszahlungen drin.

Bedenken Sie bei einer sukzessiven Auflösung die Transaktionskosten, die beim Verkauf von ETF anfallen. Meist lohnt es sich, eine größere Summe auf einmal zu verkaufen und den Verkaufserlös auf dem Tagesgeldkonto zu parken. Von dort kann es dann regelmäßig entnommen werden.

05

Wer legt an?

Ein Depot auf Namen des Kindes?

Geld lieber auf den Namen der Eltern oder auf den des Kindes anlegen? Und wie können Großeltern und Paten mitsparen? Erfahren Sie, was Sie hierbei bedenken sollten.

Bei der praktischen Umsetzung Ihrer Anlageziele für den Nachwuchs steht eine ganz wichtige Frage am Anfang: Sollten Sie die Gelder fürs Kind besser auf Ihren eigenen Namen anlegen – oder gleich direkt auf Namen Ihres Kindes oder Enkels? Keine Sorge: Eine falsche Antwort auf diese Frage gibt es nicht. Allerdings weisen beide Wege verschiedene Vor- und Nachteile auf, die wir im Folgenden näher erläutern. Hauptsache ist, dass Sie mit der Geldanlage fürs Kind überhaupt beginnen.

Das spricht für die Anlage auf Namen des Kindes

Ein Konto oder Depot auf Namen des Kindes eröffnen dürfen nur die Erziehungsberechtigten, also in aller Regel die Eltern. Wie das in der Praxis genau funktioniert, erfahren Sie im Kapitel 6. Hier soll es erst einmal darum gehen, abzuwägen, ob die Geldanlage direkt auf Namen des Sprösslings abgeschlossen werden sollte oder nicht.

Tatsächlich spricht manches dafür, direkt auf Namen des Kindes zu sparen. Schließlich soll dieses später das Geld ja auch bekommen. Und spezielle Kontenformen wie etwa Jugendgirokonten können auch für die Finanzerziehung der Heranwachsenden eine wichtige Rolle spielen und ihre Verantwortungsbereitschaft stärken. Dazu mehr in Kapitel 7.

Vor allem steuerliche Erwägungen geben indes häufig den Ausschlag. Denn woran viele nicht denken: Kindern stehen genauso wie ihren Eltern jährliche Steuerfreibeträge zu. Die können Eltern nutzen, um für die Gesamtfamilie die Steuerlast niedriger zu halten.

Vielleicht erinnern Sie sich noch: Der allererste Brief, der direkt an ein Neugeborenes adressiert ist, kommt in aller Regel vom Bundeszentralamt für Steuern aus Bonn. Darin bekommt der neue Erdenbürger seine lebenslang (und übrigens sogar noch 20 Jahre über seinen Tod hinaus) gültige Steueridentifikationsnummer (Steuer-IdNr.) mitgeteilt. Das zeigt aber auch, dass der Fiskus alle Bürgerinnen und Bürger, und seien sie auch noch so jung, als potenzielle Steuerzahler erachtet. Wer spart oder investiert, freut sich auf Zinsen oder Dividenden – und bei Umschichtungen oder Teilverkäufen von Wertpapieren auch darauf, von Kursgewinnen zu profitieren. Wenn Sie das Geld auf den Namen des Kindes anlegen, können Sie zum einen den Sparerfreibetrag des Kindes nutzen (derzeit 1000 Euro pro Person und Jahr, Stand: 2024). Das bedeutet, Zins- und Dividendenerträge sowie realisierte Kursgewinne bis zu dem Wert von 1000 Euro kassiert das Kind steuerfrei. Wird der Sparerpauschbetrag des Kindes „aktiviert", schonen Sie also Ihren Freibetrag, der dann für Ihre eigenen Geldanlagen zur Verfügung steht.

Überdies gilt Folgendes: Jeder Person, also auch Kindern, steht ab Geburt der steuerliche Grundfreibetrag in Höhe von derzeit 11604 Euro (2024) sowie der Sonderausgaben-Pauschbetrag (36 Euro pro Jahr) zu – neben dem gerade genannten Sparerpauschbetrag von 1000 Euro. Falls die Sprösslinge also ausschließlich Einnahmen aus Kapitalvermögen erzielen und keine sonstigen Einnahmen haben, können sie insgesamt pro Jahr 12640 Euro an Zinsen, Dividenden und Kursgewinnen einstreichen – komplett steuerfrei. Bei einer Verzinsung von beispielsweise 2 Prozent bleiben demnach sämtliche Kapitalerträge steuerfrei, wenn das angelegte Kapitalvermögen im ersten Jahr die enorme Summe von knapp 632000 Euro nicht überschreitet. Bei 6 Prozent Rendite dürfte das angelegte Kapital gut 210600 Euro betragen. Die meisten Familien werden ein solches Luxusproblem allerdings nicht haben. Mehr Details zur Versteuerung von Kapitalanlagen erfahren Sie gleich.

Damit der Fiskus mitspielt, muss aber eines unbedingt gegeben sein: Das angelegte Geld muss rechtlich dem Kind gehören – ein gesondertes Kinderkonto oder ein Wertpapierdepot auf Namen des Kindes sind dafür ein Muss. Eltern verwalten das auf Namen des Kindes angelegte Geld nur bis zu dessen Volljährigkeit. Wichtig: Mal eben Geld vom Kinderdepot für den eigenen Bedarf abheben – das geht nicht. Eltern dürfen aus dem Kapital keinen finanziellen Nutzen für sich selbst ziehen. Nur in Ausnahmefällen – etwa bei einer Insolvenz – besteht für die Eltern unter Umständen die Möglichkeit, über das Geld zu verfügen, sofern das Kind noch keine 18 Jahre alt ist. Eltern stehen dann aber unter Aufsicht, und das Familiengericht muss zustimmen.

FAZIT: Steuerliche Erwägungen sprechen klar dafür, Geld direkt auf Namen des Kindes anzulegen. Aufs Kind angelegte Gelder dürfen aber nur für Zwecke des Kindes genutzt werden, zum Beispiel die Ausgaben für den Führerschein.

Das spricht dagegen

Es gibt aber auch Nachteile, die Sie bedenken sollten, falls Konten und Depot aufs Kind laufen:

Beachten sollten Sie bei der Vermögensbildung fürs Kind den Anspruch auf Bafög-Förderung: Bis zu 15000 Euro darf der Nachwuchs auf der hohen Kante haben, bei Auszubildenden ab 30 Jahren sind es sogar 45000 Euro. Vermögen bis zu dieser Höhe bleiben bei der Bafög-Förderung unberücksichtigt. Was darüber hinausgeht, müssen Schüler, Studierende und Auszubildende für die Finanzierung ihrer Ausbildung einsetzen. Für verheiratete oder in Lebenspartnerschaft lebende Auszubildende sowie für Auszubildende mit Kindern erhöht sich der anrechnungsfreie Betrag – und zwar für jede der genannten Personen um 2300 Euro. Wer es ganz genau wissen möchte: Grundlagen für die Anrechnung von Vermögen stellen die Paragraphen 26 – 30 Bafög dar.

Liegen höhere Beträge im Depot oder auf dem Konto, wird das Guthaben auf das Bafög angerechnet. Dazu ein Beispiel: Wenn man in einen weltweiten Aktien-ETF über 18 Jahre lang jeden Monat 39 Euro einzahlt und der ETF eine durchschnittliche jährliche Rendite von 6 Prozent erzielt, bleibt man knapp unter der Wertgrenze von derzeit 15000 Euro.

Bekanntlich sind aber für die Möglichkeit, Bafög zu bekommen, nicht nur die Vermögenswerte des Kindes, sondern vor allem die wirtschaftliche Situation der Eltern ausschlaggebend. Der Staat springt ohnehin nur dann ein, wenn die Eltern nicht in der Lage sind, Ausbildung oder Studium teilweise oder ganz zu finanzieren. Verdienen die Eltern, die Auszubildenden oder Studierenden gegenüber unterhaltspflichtig sind, zu gut, schmilzt die Förderung. Jeder Fall ist natürlich individuell. Damit Sie die mögliche Höhe eines Bafög-Anspruchs berechnen können, helfen Online-Rechner wie zum Beispiel https://www.bafoeg-rechner.de/Rechner/index.php. Infos und Musterbeispiele für verschiedene Lebenssituationen von Studierenden und Azubis rund ums Thema Bafög gibt es unter https://www.bafög.de/bafoeg/de/home/home_node.html.

FAZIT: Vor allem, wenn in der Familie das Geld knapp ist, sollten die Eltern die Vermögensgrenze des Kindes fürs Bafög im Blick haben, bevor sie sich zusätzliche Sparraten fürs Kind vom Mund absparen und das Kind „zu reich" werden lassen – oder sie sollten doch besser auf ihren eigenen Namen fürs Kind sparen. Auch Großeltern sollten beim Sparen fürs Kind an die künftigen Bafög-Ansprüche ihres Enkels denken.

Im Blick behalten sollten Eltern auch die Mitversicherung der Kinder in der gesetzlichen Krankenversicherung (GKV). Um die Familienversicherung nicht zu gefährden, darf das Gesamteinkommen des mitversicherten Angehörigen bestimmte Grenzen nicht übersteigen. Diese Einkommensgrenzen für Kinder, aber auch für Ehegatten, werden jährlich neu festgelegt. Für die Familienversicherung von Kindern sind darüber hinaus Besonderheiten zu beachten, wenn Vater oder Mutter privat krankenversichert ist: Ist der besserverdienende Elternteil selbst privat krankenversichert und überschreitet gewisse Einkommensgrenzen, der andere Elternteil ist dagegen in der GKV versichert, können Kinder nicht in der Familienversicherung der GKV mitversichert sein. Für sie müssen dann eigene Krankenversicherungsverträge abgeschlossen werden – entweder eine freiwillige Mitgliedschaft in der GKV oder ein privater Krankenversicherungsvertrag.

Die Familienversicherung in der GKV dürfte allerdings in den seltensten Fällen durch anfallende Kapitalerträge des Kindes gefährdet sein. Denn sie richtet sich nach einer im Sozialgesetzbuch festgelegten Bezugsgröße, die in diesem Jahr (2024) 42 420 Euro beträgt. Kinder dürfen ein Siebtel dieser Bezugsgröße auf den Monat gerechnet „verdienen". Daraus ergibt sich folgende Rechnung:

42 420 Euro: 12 Monate = 3 535 Euro. Davon ein Siebtel entspricht 505 Euro. Zusammen mit dem Sparerpauschbetrag, der jeder Person zusteht (1 000 Euro : 12 = 83,33 Euro monatlich), darf das Kind also monatliche Erträge von 588,33 Euro erzielen, ohne die Mitversicherung zu gefährden. Die Mitversicherung bleibt nach Auskunft des Verbands der Ersatzkassen möglich, sofern die monatlichen Einkünfte des Kindes – etwa Zinseinnahmen – derzeit diese Grenze nicht überschreiten.

Mit anderen Worten: Solange die Kapitalerträge ohnehin im Rahmen des Sparerfreibetrags bleiben, haben sie keinen Einfluss auf das Gesamteinkommen, das für die Mitversicherung in der Familienversicherung der GKV von Bedeutung relevant ist.

Daran lässt sich aber erkennen, dass man schon sehr viel Geld fürs Kind anlegen muss, um die Mitversicherung in der GKV zu gefährden. Einen Zinsertrag von 7 059,96 Euro pro Jahr (umgerechnet 588,33 Euro pro Monat) erzielt man beispielsweise, wenn man 235 332 Euro zu einem Zinssatz von 3 Prozent angelegt hat. Von so viel Geld dürfen die allermeisten nur träumen.

Und was gilt, wenn Teenager oder Studierende einen Minijob annehmen und zusätzlich Zinserträge kassieren oder Wertpapiergewinne einstreichen? Minijobs bleiben bis zur Grenze von 538 Euro (ab 2025:

556 Euro) versicherungsfrei und gefährden die Familienversicherung nicht. Aber auf einen Schlag realisierte höhere Kursgewinne oder auch sehr hohe Zinserträge in dieser Zeit sind ein Problem, das man im Auge haben sollte. Hier gilt der Rat: Kursgewinne sollte man besser erst später realisieren, wenn der oder die Heranwachsende finanziell auf eigenen Füßen steht – und die Familienversicherung in der gesetzlichen Krankenversicherung daher gar kein Thema mehr ist.

Sparsamer Jugendlicher oder Big Spender?

Wenn das Geld auf Namen des Kindes angelegt wurde, kann es ab seinem 18. Geburtstag frei darüber verfügen – mit allen Vor- und Nachteilen: Falls das Kind zum Geldverschwenden neigt, können die Eltern es dann nicht mehr davon abhalten, das Angesparte zu verjubeln, statt es etwa als Kapitalstock für einen späteren Immobilienkauf zu verwenden.

Und es kommt noch bitterer: Wenn das Kind dann seine Ausbildung oder ein Studium aufnimmt, könnte es seine Eltern sogar auf Unterhalt verklagen. Denn Eltern sind verantwortlich dafür, für den Unterhaltsbedarf ihrer Kinder bis zum Ende der Erstausbildung aufzukommen.

Es lässt sich natürlich bei einem Baby noch nicht einschätzen, wie es sich mal entwickeln wird – aber ein gutes und vertrauensvolles Verhältnis von Eltern zu Kindern und eine geduldige Finanzerziehung (siehe Kapitel 7) dürften in aller Regel dazu führen, dass diese Bedenken unbegründet sind. Wen doch diese Sorge umtreibt, kann natürlich einen Mittelweg gehen – einen Teil des Geldes in eigenem Namen, einen anderen Teil auf den Namen des Kindes sparen, um zumindest teilweise die Kontrolle zu behalten. Die Steuervorteile, die sich bei Konto- oder Depotführung auf den Namen des Kindes ergeben, gibt es dann aber nicht vollständig (mehr zum Thema Steuern siehe ab Seite 93).

Eltern können auch noch vor dem 18. Geburtstag des Kindes das Ersparte in einen Bank-Auszahlplan umwandeln, bei dem der Betrag für eine festgelegte Dauer und Zinshöhe angelegt wird. In der Auszahlphase bekommt das Kind das Geld in gleichen monatlichen, fest vereinbarten Raten ausgezahlt. Diese Auszahlpläne lassen sich in der Regel nicht zwischendurch kündigen, Vertragslaufzeit und Auszahlungsraten sind fest, eine besonders gute Verzinsung sollte man aber nicht erwarten.

FAZIT: Wer ernsthaft befürchtet, dass Tochter, Sohn oder Enkelkind das angesparte Geld als junge Erwachsene einfach verprassen könnten, geht auf Nummer sicher und spart lieber in eigenem Namen – dann ohne Steuervorteil.

Mehrere Kinder – mehrere Konten?

Sie haben nicht nur ein, sondern mehrere Kinder oder Enkel und möchten für sie sparen? Die bereits geschilderten Argumente pro und contra Sparen auf den Namen des Nachwuchses oder den der Eltern gelten natürlich auch hier. Wenn Sie die Gelder und Wertpapiere den Kindern oder Enkeln sauber zuordnen möchten, wäre es von Vorteil, für jedes Kind eigene Konten oder Depots zu eröffnen. Denn jedem Kind stehen für sich genommen die steuerlichen Freibeträge zu. Allerdings macht das natürlich etwas mehr Arbeit in der Verwaltung – und je nachdem, bei welcher Bank Sie die Depots führen, kann das auch mit zusätzlichen Gebühren verbunden sein.

Vielleicht möchten Sie sich aber derzeit noch nicht festlegen, wie Sie sparen wollen. Oder vielleicht können Sie derzeit nur eine kleine Summe speziell für den Nachwuchs zurücklegen. Dann spricht nichts dagegen, erst auf eigenen Namen ein gesondertes Konto oder Depot zu eröffnen, das dem speziellen Zweck dient, Kindern oder Enkelkindern später einmal ein Finanzpolster mit auf den Weg zu geben. Zu einem späteren Termin kann man die Gelder und Wertpapiere immer noch aufteilen.

Scheidung oder Trennung der Eltern

Mit in die Betrachtung einbeziehen sollten Eltern aber noch den Fall ihrer Scheidung oder Trennung. Es ergibt Sinn, dass beide Eltern Depotinhaber sind, sie also ein Gemeinschaftskonto und/oder -depot fürs Kind oder die Kinder unterhalten. Dann gibt es bei Ehescheidung mit dem fürs Kind gedachten Geld keine Probleme in puncto Zugewinnausgleich. Sind die Eltern bereits geschieden und überlegen sie nun, Geld fürs Kind anzulegen, ist es auf jeden Fall sinnvoll, ein Depot auf Namen des Kindes zu führen, um Streitigkeiten zu vermeiden.

Konto oder Depot zugunsten Dritter als Alternative

Wie bereits geschildert, dürfen nur Erziehungsberechtigte ein Depot oder ein Konto auf den Namen des Kindes eröffnen. Spendable Großeltern und andere Wohlmeinende haben aber eine Alternative: Sie können auf ihren eigenen Namen bei der Bank ein Konto oder ein Depot eröffnen und zusätzlich einen Vertrag zugunsten Dritter abschließen – und das Kind als Begünstigten einsetzen.

Ein sogenannter Vertrag zugunsten Dritter ist eine Vereinbarung, dass eine dritte Person unter bestimmten Umständen ein festgelegtes Recht erwirbt, beispielsweise zu einem späteren Zeitpunkt Inhaber eines Kontos zu werden. Dabei wird zum Beispiel vereinbart, dass die Rechte an

Im eigenen Namen oder direkt auf den Namen des Kindes?

Wer im eigenen Namen für ein Kind spart, kann das Geld auch für sich selbst verwenden. Legen Sie dagegen auf den Namen des Kindes an, gehört das Geld ausschließlich ihm. Unsere Tabelle nennt Vor- und Nachteile der beiden Sparwege. Unter steuerlichen Gesichtspunkten ergibt es Sinn, wenn das Kind Konto- oder Depotinhaber ist.

	Sparen auf eigenen Namen	Sparen auf den Namen des Kindes
KONTROLLE	Eltern und Verwandte können über das Geld frei verfügen, es dem Kind geben oder es – falls sich ihre Meinung über die Zuwendung geändert hat – für sich selbst ausgeben.	Das Geld gehört ausschließlich dem Kind. Eltern dürfen es nur verwalten, aber nicht für dessen Lebensunterhalt wie die Einrichtung des Kinderzimmers ausgeben. Solche Ausgaben fallen nach Gerichtsurteilen unter die elterliche Fürsorgepflicht.
STEUER	Angehörige müssen Kapitaleinkünfte versteuern. Sie belasten mit Erspartem ihren Sparerpauschbetrag von 1 000 Euro (Single) und 2 000 Euro (Verheiratete). Bei Festgeldanlagen fallen Kapitaleinkünfte jährlich an, bei ETF jährlich und zusätzlich am Schluss, wenn Fondsanteile mit Gewinn verkauft werden.	Erträge, die ein Kind erwirtschaftet, bleiben im Jahr 2024 bis 12 640 Euro im Jahr steuerfrei, wenn es keine eigenen Einkünfte hat (siehe Seite 83). Übersteigen die Erträge des Kindes den Sparerpauschbetrag, nicht aber 12 640 Euro, können Eltern eine Nichtveranlagungsbescheinigung beim Finanzamt stellen und bei der Bank einreichen.
BAFÖG	Von Eltern angespartes Vermögen spielt bei der Berechnung des Anspruchs auf Ausbildungsförderung (Bafög) für ein Kind keine Rolle.	Kinder mit eigenem Vermögen von mehr als 15 000 Euro müssen dieses zuerst aufbrauchen, um Bafög beanspruchen zu können.
KRANKEN-VERSICHERUNG	Die gesetzliche Krankenversicherung der Eltern, in der Kinder bis zum 25. Lebensjahr mitversichert sein können, ist nicht betroffen.	Einkünfte aus Kapitalvermögen dürfen bei Kindern 2024 maximal 588,33 pro Monat betragen, um in der gesetzlichen Krankenversicherung der Eltern mitversichert zu sein. Sonst muss sich das Kind selbst versichern.
KINDER-GELD	Das Kindergeld ist nicht betroffen.	Das Kindergeld ist nicht betroffen.
18. GEBURTS-TAG	Eltern und Verwandte können frei auswählen, wann und wie sie das Geld dem Kind zukommen lassen. Denkbar sind monatliche Teilzahlungen oder andere Modelle, die ihnen sinnvoll erscheinen.	Ab diesem Tag kann das Kind mit dem Geld machen, was es will. Es kann auch das für Ausbildung oder Führerschein gesparte Geld anderweitig ausgeben und gegebenenfalls verprassen.
GROSS-ELTERN	Großeltern, die sicherstellen wollen, dass für ein Kind gespartes Geld im Todesfall nicht an die Eltern fällt, sollten dies im Testament festlegen.	Einige Banken erlauben Großeltern, Konten und Depots zugunsten Dritter zu eröffnen. Fragen Sie bei Ihrer Bank nach, ob es diese Möglichkeit gibt.

einem Kontenguthaben nicht auf den Anleger oder die Anlegerin selbst, sondern auf einen Dritten, beispielsweise das Enkelkind, übergehen. Der Kontoinhaber kann festlegen, wann die dritte Person das Recht erhalten soll – etwa bei Eintritt eines bestimmten Ereignisses (wie Tod des Anlegers, Volljährigkeit oder Heirat des Kindes oder Enkelkinds). Bis zum Eintritt dieses Ereignisses verwaltet der Anleger oder die Anlegerin selbst das Kontenguthaben oder Depot.

Ein Vertrag zugunsten Dritter wird häufig von Eltern für ihre Kinder oder von Großeltern für die Enkel oder von Paten fürs Patenkind abgeschlossen. Für die Eröffnung eines Depots beziehungsweise Kontos zugunsten Dritter muss sich der Depot- beziehungsweise Kontoinhaber anhand gültiger Ausweispapiere legitimieren. Mehr zum Thema Konto- und Depoteröffnung auf Seite 119.

Möglich sind solche Konten oder Depots zugunsten Dritter bei einigen Filialbanken und Sparkassen, aber auch teilweise bei Onlinebanken wie der ING. Es kann interessant sein, sich nach dieser Möglichkeit zu erkundigen. Auf diese Weise können Großeltern zum Beispiel ihren Enkeln eine echte Überraschung bereiten: Zunächst sparen sie auf eigenen Namen fürs Enkelkind – mit der Maßgabe, dass das Kind zum Beispiel zur Konfirmation oder zum 18. Geburtstag das Depot überschrieben bekommt.

Die Kapitalerträge werden steuerlich dem Konto- beziehungsweise Depotinhaber zugerechnet. Meldungen an das Finanzamt erfolgen im Todesfall des Kontoinhabers, beziehungsweise bei einem Depotübertrag, der als Schenkung erfolgt.

Interessierte können ein Depot zugunsten Dritter auch zur Erbschafts- und Nachlassplanung nutzen. Es kann dazu beitragen, die Verteilung von Vermögenswerten nach den Wünschen des Erblassers zu regeln und die Abwicklung eines Nachlasses zu vereinfachen. Gut zu wissen: Vermögenswerte, die durch eine Verfügung zugunsten Dritter übertragen werden, fallen nicht in die Erbmasse. Das bedeutet, das hier angesparte Kapital gibt es zusätzlich zum Erbteil, der dem Kind oder Enkel eventuell zusteht.

Wer ein Konto oder Depot zugunsten Dritter erwägt, sollte sich vor allem bei größeren zu übertragenden Wertpapierbeständen sicherheitshalber von einer Fachperson, einem Steuerberater, Fachanwalt oder Notar, beraten lassen, damit es keine unliebsamen Überraschungen zum Beispiel in puncto Erbschafts- und Schenkungssteuer gibt (mehr dazu siehe Seite 97). Möchten Sie Geld oder Wertpapiere zum Beispiel an Ihre Kinder verschenken, sollten Sie den nach derzeitigem Recht gültigen Freibetrag bei der Schenkungssteuer in Höhe von 400 000 Euro im Blick haben; beim Übertrag von Großeltern auf Enkel beträgt der Wert, der bei Übertragungen steuerfrei bleibt, 200 000 Euro. Diese Beträge gelten für jedes Kind oder Enkelkind und können nach Ablauf von zehn Jahren erneut in Anspruch genommen werden. Gut zu wissen: Kapitalertragssteuer fällt beim Übertrag einzelner Wertpapiere oder eines Wertpapierdepots per Schenkung keine an. Mehr dazu auf Seite 107.

Kinderkonto bringt Steuervorteile

Wenn Sie Geld oder Wertpapiere an den Nachwuchs verschenken möchten, sind Kinderkonten und -depots ein Muss. Hier erfahren Sie, was Sie in puncto Steuern wissen müssen.

Sie haben ja schon gehört, dass auch Kindern ab Geburt die steuerlichen Freibeträge zustehen. Damit ist aber klar, dass auch Kinder unter Umständen Steuern zahlen müssen, wenn sie mit ihren Einkünften oberhalb der Steuerfreibeträge liegen. Und das gilt auch für Kapitaleinkünfte. Noch einmal zur Rekapitulation: Kinder profitieren neben dem Sparerpauschbetrag (1 000 Euro pro Jahr) ebenso wie Erwachsene auch vom steuerlichen Grundfreibetrag in Höhe von 11 604 Euro (2024). Hinzu kommt der Sonderausgabenpauschbetrag (36 Euro). Sofern Kinder keine sonstigen Einnahmen haben, zahlen sie erst auf Kapitaleinkünfte, die oberhalb dieser Gesamtsumme von 12 640 Euro pro Jahr liegen, Steuern.

GUT ZU WISSEN: Es geht bei diesem Wert nicht um die Summe des angesparten Geldes. Von Bedeutung sind die Erträge, die auf einem echten Kinderdepot oder -konto mit der Geldanlage in einem Kalenderjahr erwirtschaftet worden sind. In den allermeisten Fällen können Familien von solchen Kapitalerträgen nur träumen, in den meisten Fällen werden die Erträge auf Kinderkonten oder -depots unterhalb dieser Schwelle bleiben.

Das Wichtigste zum Freistellungsauftrag

Daraus folgt für Kinderkonten und -depots: Steuern fallen also nicht schon auf die ersten Euros an, die das Kind auf seinem Konto oder seinem Depot verdient. Bis zur Höhe des Sparerpauschbetrags von 1000 Euro pro Jahr kassieren Kinder Erträge steuerfrei.

Voraussetzung dafür ist aber, dass Sie der Depotbank des Kindes einen Freistellungsauftrag erteilen. Führen Sie mehrere Konten oder Depots bei verschiedenen Banken, können Sie das maximal erlaubte Freistellungsvolumen von 1000 Euro splitten und auf die Banken aufteilen. Wichtig ist, dass Sie insgesamt nicht mehr als 1000 Euro freistellen lassen. Denn die deutschen Kreditinstitute sind verpflichtet, freigestellte Beträge an den Fiskus zu melden, eine Überschreitung fällt auf.

Einen Freistellungsauftrag können Sie nur bei Banken mit Sitz in Deutschland einreichen. Bei Konto- oder Depotführung im Ausland ist das nicht möglich. Wenn Ihr Kind auf solchen Konten Zinsen oder Wertpapiererträge gutgeschrieben bekommt, müssen Sie sich darum kümmern, dass die Erträge in Deutschland korrekt versteuert werden. Sie müssen also eine Steuererklärung abgeben. „Vergessen" gilt nicht. Denn mehr als 100 Staaten auf der Welt, auch Deutschland, nehmen inzwischen am automatischen Austausch von Finanzdaten der Organisation für wirtschaftliche Zusammenarbeit und Entwicklung (OECD) teil. Auslandskonten werden daher dem deutschen Fiskus rasch bekannt.

GUT ZU WISSEN: Werbungskosten, wie zum Beispiel Depotgebühren, sind mit dem Sparerpauschbetrag abgegolten und können nicht gesondert steuermindernd geltend gemacht werden. Gebühren hingegen, die für den Kauf oder Verkauf von Wertpapieren anfallen, mindern einen steuerpflichtigen Verkaufsgewinn.

Nichtveranlagungsbescheinigung nutzen

Fallen auf dem Kinderkonto oder -depot in einem Jahr Erträge an, die das freigestellte Volumen (maximal 1000 Euro) übersteigen, muss die Bank zunächst einmal die sogenannte Abgeltungssteuer in Höhe von 25 Prozent plus Solidaritätszuschlag einbehalten. Sofern das Kind aber nur Einnahmen aus Kapitalvermögen erzielt und es im Gesamtjahr unter dem besagten Wert von 12640 Euro (für 2024) bleibt, können Sie über eine Steuererklärung zu viel bezahlte Abgeltungssteuer zurückholen. Auch den abgeführten Solidaritätszuschlag gibt es dann zurück. Mehr

Details zur Abgeltungssteuer, erfahren Sie gleich. Es gibt noch eine Möglichkeit, auch bei höheren Kapitalerträgen auf Kinderkonto oder -depot einen Steuerabzug zu vermeiden: Sie reichen bei der Bank eine Nichtveranlagungsbescheinigung (NV-Bescheinigung) ein. Dann wird die Bank auch auf Kapitalerträge von mehr als 1000 Euro, aber weniger als 12 640 Euro pro Jahr keine Abgeltungssteuer abziehen.

Die NV-Bescheinigung fürs Kind können Sie beim Fiskus beantragen. Den Antragsvordruck NV 1A („Antrag auf Ausstellung einer Nichtveranlagungs-(NV-)Bescheinigung") erhalten Sie bei Ihrem zuständigen Wohnsitzfinanzamt oder online zum Download unter formulare-bfinv.de. Dritte Alternative ist, dass Sie sich über das deutsche Steuerportal Elster (elster.de) registrieren, sofern noch nicht geschehen, dann können Sie den Antrag fürs Kind direkt online ausfüllen und einreichen.

WICHTIG: Eine NV-Bescheinigung wird jeweils für drei Jahre ausgestellt. Danach muss der Antrag neu gestellt werden. Sollte das Kind in einem Jahr mit seinen Einkünften über dem Wert von 12 640 Euro landen, müssen Eltern eine bei der Bank eingereichte NV-Bescheinigung zurückfordern. Die Bank muss die wegen einer NV-Bescheinigung steuerfrei gestellten Einkünfte dem Finanzamt digital melden.

Sie sind in der glücklichen Lage, dass Ihr Kind einiges an Zinsen, Dividenden und/oder Kursgewinnen einstreicht? Vielleicht ist Ihr Nachwuchs auch schon älter und absolviert eine gut bezahlte Ausbildung – und kassiert überdies Kapitalerträge? Dann werden Tochter oder Sohn vermutlich mit ihren Einkünften innerhalb eines Jahres oberhalb der Marke von 12 640 Euro liegen. In diesem Fall können Sohn oder Tochter zumindest Kapitalerträge bis 1000 Euro im Rahmen ihres Sparerpauschbetrags steuerfrei behalten, wenn bei der Bank zuvor einen Freistellungsauftrag eingereicht wurde.

Übersteigen die Kapitalerträge des Kindes die Marke von 1000 Euro, heißt das aber noch lange nicht, dass dann gleich 25 Prozent Steuern fällig werden. Es können auch weniger sein, keinesfalls jedoch mehr. Dabei kommt es auf den individuellen Steuersatz des Kindes an. Sie sollten dann fürs Kind eine Steuererklärung machen. Dabei geben Sie die Kapitalerträge des Kindes beim Fiskus an und kreuzen die Günstigerprüfung an (Zeile 4 der Anlage KAP zur Steuererklärung 2023). Dann rechnet das Finanzamt nochmals nach – und Ihr Kind zahlt nur so viel, wie es nach seinem individuellen Steuersatz muss.

Abgeltungssteuer: Grundregeln

Müssen Kinder Steuern auf ihre Kapitalanlagen zahlen, gelten auch für sie die Vorschriften der Abgeltungssteuer. Die Grundregeln sind leicht, aber der Teufel steckt durchaus im Detail.

Egal, ob Erwachsener oder Kind: Auf Zinserträge auf Konten, Dividendenerträge und sowie auf realisierte Kursgewinne mit Wertpapieren zahlen Anlegerinnen und Anleger grundsätzlich pauschal 25 Prozent Abgeltungssteuer – und nicht den persönlichen Steuersatz in Höhe von derzeit bis zu 42 Prozent (beziehungsweise 45 Prozent – sogenannte Reichensteuer). Zusätzlich gehen stets 5,5 Prozent der Steuer als Solidaritätszuschlag ab. Unter dem Strich beträgt der Steuerabzug somit 26,38 Prozent. Gegebenenfalls kommt noch Kirchensteuer hinzu.

Banken mit Sitz im Inland sorgen automatisch dafür, dass sie die nötigen Steuern für ihre Kunden ans Finanzamt abführen. Die Steuerschuld auf Kapitalerträge ist damit – wie es der Name der Steuer klar zum Ausdruck bringt – erst einmal abgegolten. Anlegerinnen und Anleger, die ihre Konten und Depots im Inland führen, müssen ihre Kapitalerträge grundsätzlich nicht mehr in der Steuererklärung angeben.

ABGELTUNGSSTEUER GILT NICHT IMMER: Einige Geldanlagen sind zum persönlichen Steuersatz zu versteuern. Dazu zählen unter anderem Erträge aus Gold oder Kryptowerten wie Bitcoin & Co. Hat Ihr Kind Gold oder Kryptowerte länger als ein Jahr gehalten und danach verkauft, kassiert es Gewinne steuerfrei; Verluste sind dann auch Privatsache.

Wie werden Gewinne und Verluste verrechnet?

Bevor Banken Abgeltungssteuer für Einkünfte über dem Freistellungsauftrag abziehen, müssen sie Gewinne und Verluste pro Wertpapierdepot verrechnen. Verluste aus Wertpapieren, die seit dem Start der Abgeltungssteuer 2009 angeschafft wurden, verrechnet Ihre Depotbank mit Sitz im Inland laufend automatisch mit positiven Erträgen.

Führen Sie für Ihr Kind Konten bei mehreren Banken und erzielen Sie auf einem davon Verluste? Dann können Sie die Verluste über die Anlage KAP zur Steuererklärung mit Gewinnen bei einer anderen Bank verrechnen lassen. Dafür müssen Sie bis zum 15. Dezember eines Jahres bei der Bank eine Verlustbescheinigung beantragen. Haben Sie den Termin verpasst, geht nichts verloren. Ihre Bank speichert die Verluste und verrechnet sie laufend mit neuen Erträgen auf dem dortigen Depot.

Konkret geht das so: Verluste aus dem Verkauf von Fonds, ETF und Anleihen können mit Kursgewinnen, Dividendenerlösen oder Zinserträgen verrechnet werden. Doch bei Miesen mit Einzelaktien ist die Verrechnungsmöglichkeit eingeschränkt, sie dürfen derzeit nur mit Gewinnen aus Aktien verrechnet werden. Das ist umstritten: Deutschlands oberstes Finanzgericht, der Bundesfinanzhof, hält diese Beschränkung für verfassungswidrig (BFH, Az. VIII R 11/18). Das letzte Wort hat das Bundesverfassungsgericht (Az. 2 BvL 3/21). Steuerbescheide ergehen in diesem Punkt vorläufig (BMF vom 28.3.2022). Eltern, die für ihre Kinder Aktien kaufen, sollten dieses Verfahren im Blick behalten.

Besondere Steuerregeln für ETF

Wer für Kinder Geld nach dem Pantoffel-Konzept investieren möchte, setzt dabei auch auf breit gestreute Aktien-ETF. Hier lernen Sie die besonderen Steuerregeln bei Fonds kennen.

Ob Groß oder Klein: Für Eigentümerinnen und Eigentümer von ETF-Anteilen ebenso wie von aktiv gemanagten Fonds gelten generell die allgemeinen Grundsätze der Abgeltungssteuer. Doch es kommen noch spezielle Regeln für die Fondsbesteuerung hinzu, die bei einer Steueränderung zum Jahreswechsel 2017/2018 eingeführt wurden.

Bei Depotführung im Inland kümmert sich die Depotbank Ihres Kindes um die Besteuerung. Sie müssen sich daher damit nicht unbedingt im Detail beschäftigen und können gerne weiterblättern. Alle wichtigen

Infos finden Sie im Folgenden erläutert. Wer noch tiefer einsteigen möchte, dem sei unser Buch „Anlegen mit ETF" empfohlen.

Fondsgesellschaften müssen für in Deutschland aufgelegte Fonds und ETF auf bestimmte Erträge wie deutsche Dividenden 15 Prozent Körperschaftssteuer abführen. Bei Erträgen aus deutschen Immobilien sind es 15,83 Prozent. Durch den Steuerabzug auf deutsche Dividenden, Mieterträge und Co. bereits auf Fondsebene können die Fonds weniger Erträge an ihre Anleger ausschütten als früher.

Keinen Abzug von Körperschaftssteuer müssen Fondsgesellschaften auf ausländische Dividendenzahlungen und Immobilienerträge sowie auf Gewinne aus Verkäufen von Wertpapieren und Zinserträge hinnehmen. Reine Anleihefonds und -ETF (auch Rentenfonds und Renten-ETF genannt), die nur Zinserträge erzielen, sind daher nicht davon betroffen, Aktienfonds und -ETF dagegen schon.

Teilfreistellungen zum Ausgleich

Zum Ausgleich für die steuerliche Vorbelastung auf der Fondsebene stellt der Fiskus Ausschüttungen aus Fonds oder ETF und Verkaufsgewinne bei Privatanlegern daher teilweise frei. Das heißt, sie zahlen für die Ausschüttungen des Fonds und Gewinne aus dem Verkauf von Fondsanteilen teilweise keine Abgeltungssteuer. Auf der anderen Seite werden Verkäufe mit Verlust auch nur anteilig berücksichtigt.

Die Höhe des steuerfreien Anteils richtet sich nach der Art des Fonds oder ETF: Bei Aktienfonds mit mehr als 50 Prozent Aktienanteil betragen die Teilfreistellungen für Privatanleger 30 Prozent. Für Mischfonds mit einem Aktienanteil von mindestens 25 Prozent sind Teilfreistellungen von 15 Prozent vorgesehen, für Mischfonds mit geringerem Aktienanteil dagegen keine. Bei Immobilienfonds sind 60 Prozent freigestellt, bei Immobilienfonds mit Auslandsschwerpunkt sogar 80 Prozent.

In die Röhre gucken allerdings Anleger, die mit ihren Kapitalerträgen unterhalb des Sparerpauschbetrags von 1000 Euro liegen und deshalb gar keine Abgeltungssteuer zahlen müssen. Bei ihnen laufen die Teilfreistellungen nämlich ins Leere. Denn sie bekommen nur Erträge, die auf Fondsebene steuerlich schon vorbelastet sind. Auch wer keine Steuern abführen muss, weil er eine Nichtveranlagungsbescheinigung eingereicht hat, muss diesen Nachteil hinnehmen.

Verschlechtert hat sich auch die Situation für vermögende Fondsanleger: Wer ETF-Anteile noch vor dem Start der Abgeltungssteuer (Anfang 2009) erworben hat, profitierte viele Jahre von einem Privileg: Sofern man diese Anteile mindestens ein Jahr lang im Depot gehalten hatte, konnte man sie steuerfrei verkaufen. Dieses Privileg wurde zum 31. Dezember 2017 abgeschafft. Zu diesem Datum wurden alle Anteile im Bestand unabhängig vom Kaufdatum als fiktiv veräußert und dann zum 1. Januar 2018 als wieder fiktiv angeschafft eingestuft – die Daten dafür wurden bei den Depotstellen gespeichert. Wenn Sie bis dahin auf Altanteile Gewinne zu Buche stehen haben, werden diese von Ihrer Depotbank de facto konserviert und bleiben auch künftig steuerfrei.

Der Wert des Fonds- oder ETF-Anteils vom 1. Januar 2018 ist nun die neue Basis, von der aus künftige steuerpflichtige Kursgewinne berechnet werden. Verkaufen Sie Fonds- oder ETF-Altanteile, dann sind Wertsteigerungen auf den Zeitraum ab 2018 nicht mehr unbegrenzt, sondern pro Anleger nur noch bis zu einem Gesamtwert von insgesamt 100 000 Euro steuerfrei. Über diesen Freibetrag hinausgehende Gewinne aus Altanteilen (das sind Anteile, die vor 2009 gekauft wurden) unterliegen dann der 25-prozentigen Abgeltungssteuer.

Rein unter steuerlichen Gesichtspunkten lohnt es sich also für alle Privatanleger, die noch vor 2009 erworbenen Altanteile weiter zu behalten, um den Freibetrag so weit wie möglich auszunutzen. Wichtig: Wenn Sie diesen Freibetrag in Anspruch nehmen möchten, müssen Sie eine Steuererklärung abgeben, da nur das Finanzamt diesen speziellen Freibetrag berücksichtigen darf.

Gut zu wissen: Die Regelung zu den Altanteilen betrifft übrigens auch Anlegerinnen und Anleger, die alte Anteile geschenkt bekommen oder erben. Sollten Sie also Ihren Kindern oder Enkeln solche „alten" Fondsanteile schenken, sollten Sie dies im Auge behalten: Die ursprünglichen Anschaffungsdaten werden mitverschenkt oder mitvererbt. Verschenkt man seine Altanteile an mehrere Kinder, erhält jedes den Freibetrag für Altanteile von 100 000 Euro – man kann die Freibeträge also durch geschicktes Verschenken vervielfachen.

Besonderheiten bei thesaurierenden Fonds und ETF

Wenn Sie mit ETF fürs Kind Vermögen aufbauen möchten, sind sogenannte thesaurierende ETF das Mittel der Wahl. Sie schütten Erträge nicht aus, sondern legen sie sofort wieder im Fondsvermögen an. Langfristig wirkt das wie der Zinseszinseffekt (siehe Kapitel 1 und Seite 123). Doch der deutsche Fiskus möchte auch von Erträgen, die im Fonds oder ETF gleich wieder angelegt werden, jährlich seinen Anteil kassieren. Bei thesaurierenden und teilausschüttenden Fonds wird daher jährlich eine sogenannte Vorabpauschale als fiktiver Ertrag errechnet. Auf diese Vorabpauschale wird dann die 25-prozentige Abgeltungssteuer einbehalten, sofern kein ausreichender Freistellungsauftrag vorliegt. Je nach Fondstyp wird dabei noch die jeweilige Teilfreistellung berücksichtigt.

Klingt kompliziert? Das stimmt, aber wenn Sie Ihr Depot oder das Ihres Kindes im Inland führen, nimmt der Depotanbieter Ihnen diese Arbeit ab. Daher müssen Sie sich mit der Vorabpauschale nicht im Detail beschäftigen, sollten aber wissen, dass es sie gibt.

Abgeltungssteuer auf die Vorabpauschale wird immer zu Beginn eines neuen Jahres für das zurückliegende Jahr abgezogen. Verkaufen Sie irgendwann in der Zukunft die ETF-Anteile, wird die über die Jahre abgeführte Vorabpauschale auf den steuerpflichtigen Verkaufsgewinn angerechnet. Auch hier übernimmt die Depotbank das genaue Ausrechnen.

Schenkungs- und Erbschaftssteuer

Ihr Kind hat spendable Großeltern – oder Sie können Ihrem Kind ein Sümmchen schenken? Hier erfahren Sie, was bei kleineren und größeren Schenkungen steuerlich zu beachten ist.

Die Patentante meint es gut und lässt mehrere Hundert Euro zur Kommunion oder Konfirmation springen? Und der Großvater legt zu Weihnachten eine Goldmünze auf den Gabentisch? Sie fragen sich vermutlich, was das Finanzamt dazu sagt. Denn bekanntlich steht nicht nur bei Erbfällen, sondern auch bei Schenkungen, also unentgeltlichen Übertragungen von Vermögen unter Lebenden, stets die Frage im Raum, ob das steuerlich von Bedeutung sein könnte. Dabei kommt es zum einen auf den Anlass für das Geschenk an, zum anderen auf den Wert.

Gelegenheitsgeschenke sind steuerfrei

In den beiden oben genannten Fällen können Sie beruhigt sein: Nach Paragraf 13, Abs. 1 Nr. 14 Erbschaftsteuer- und Schenkungsteuergesetz (ErbStG) bleiben nämlich „die üblichen Gelegenheitsgeschenke", wie es im Gesetz so schön heißt, steuerfrei. Nun stellt sich die Frage, was darunter genau zu verstehen ist, denn die Formulierung ist schwammig. Laut Rechtsprechung des Bundesfinanzhofes sind Gelegenheitsgeschenke solche, die „nach Anlass, Art und Wert der allgemeinen Verkehrsanschauung entsprechen und in weiten Kreisen der Bevölkerung üblich" sind. Als solche Anlässe kommen regelmäßig wiederkehrende Ereignisse wie zum Beispiel Geburts- und Namenstage, Weihnachten oder Ostern infrage. Gelegenheitsgeschenke sind aber auch zu einmaligen Ereignissen, zum Beispiel Hochzeit, Silberhochzeit, Abitur, Examen, Taufe, Kommunion, Firmung oder Konfirmation allgemein üblich.

Eine feste oder einheitliche Wertgrenze für solche „üblichen Gelegenheitsgeschenke" gibt es allerdings nicht. Auch ein Geschenk von höherem Wert kann darunterfallen, denn was üblich ist, hängt natürlich auch von den wirtschaftlichen Möglichkeiten und Lebensumständen der Schenker und ihrer Beziehung zur beschenkten Person ab.

KEINE MELDUNG: Gelegenheitsgeschenke müssen übrigens – anders als größere Geschenke, die der Erbschafts- und Schenkungssteuer unterliegen – dem Finanzamt nicht schriftlich gemeldet werden.

Eine wertvolle Uhr zur Firmung dürfte daher kein Problem darstellen. Bei Geschenken ab der Größenordnung eines Mittelklassewagens könnte es dann irgendwann kritisch werden. Aber je nach der wirtschaftlichen Situation von Schenker und Beschenktem kann sogar das noch ein Gelegenheitsgeschenk sein. In Zweifelsfragen sollte man vorsorglich einen Experten, zum Beispiel einen Steuerberater oder einen Fachanwalt für Steuerrecht, zurate ziehen. Nach der bisherigen Rechtsprechung können unter die Gelegenheitsgeschenke üblicherweise bewegliche Gegenstände wie Bargeld oder Schmuck fallen. Klar ist aber: Eine Immobilie oder Betriebsvermögen wären definitiv zu viel des Guten und kein „übliches Gelegenheitsgeschenk" – ein solcher Übertrag wäre dann jenseits der Freibeträge zur Schenkungssteuer steuerpflichtig. Dazu gleich mehr.

Wann tritt der Fiskus auf den Plan?

Wohl kaum eine Steuer lässt sich mit geschickter Planung so gut vermeiden oder gering halten wie die Erbschafts- und Schenkungssteuer. Prinzipiell sind die gesetzlichen Regelungen für beide Abgaben weitgehend deckungsgleich, die Details richten sich nach dem Erbschaftsteuer- und Schenkungsteuergesetz (ErbStG). Der Staat erachtet Schenkungen nämlich als vorgezogenen Erbfall.

Einen zentralen Unterschied gibt es allerdings: Bei Schenkungen erhalten die Beschenkten alle zehn Jahre einen neuen Anspruch auf die Freibeträge, bis zu denen keine Steuern anfallen, bei Erbschaften nur genau einmal. Erst wenn der Wert des verschenkten oder ererbten Vermögens eine bestimmte Höhe – die Freibeträge – überschreitet, sind überhaupt Steuern fällig – und zwar auf den Wert, der über dem Freibetrag liegt. Details zu den Freibeträgen folgen auf Seite 101.

Klar ist aber auch, dass eine größere Schenkung erst einmal das Finanzamt auf den Plan ruft. Denn Schenker und Beschenkte müssen nach § 30 Erbschaft- und Schenkungsteuergesetz innerhalb von drei Monaten das zuständige Finanzamt über die Schenkung formlos informieren. Ein besonderes Formular dafür gibt es nicht. Die Information des Finanzamts sollte aber wichtige Infos enthalten, wie Name, Adresse und Steuer-ID von Schenker und Beschenkten, Zeitpunkt und Wert der Schenkung sowie das Verhältnis von Schenker zu Beschenktem. Der Zweck der Meldung besteht darin, dass das Finanzamt die Gelegenheit bekommt, den Vorgang zu checken.

Gemeldet werden müssen „steuerpflichtige Erwerbe". Doch was genau versteht man unter diesem Begriff? Damit ist nicht jede kleine Schenkung gemeint, sondern solche, die jenseits der Freibeträge liegen, wie wir gleich im nächsten Abschnitt näher beleuchten werden. Und es gibt eine Ausnahme: Wurde die Schenkung gerichtlich oder notariell beurkundet, entfällt für die Familienmitglieder die Pflicht zur Information des Finanzamtes, es sei denn, es wurde Grund- und Betriebsvermögen oder Auslandsvermögen verschenkt.

Diese Pflicht zur Information des Finanzamts ist allerdings nicht gleichzusetzen mit der Verpflichtung, dann auch eine Schenkungssteuererklärung abzugeben. Die ist nämlich nur dann erforderlich, wenn das Finanzamt die Erklärung verlangt. Ist dem Finanzamt nach Prüfung der eingereichten Unterlagen klar, dass die Schenkung ohnehin unterhalb der Freibeträge bleibt, wird es keine Steuererklärung verlangen. Falls doch, dann bestimmt das Finanzamt in diesem Fall eine Abgabefrist, die mindestens einen Monat betragen muss (§ 31 ErbStG).

PRAXISTIPP: Eltern oder Großeltern, die ihren Kindern oder Enkeln größere Vermögenswerte übertragen möchten, sollten die Zehn-Jahres-Frist bei Schenkungen im Blick haben. Wer frühzeitig mit dem Schenken beginnt und mehrmals schenkt, kann über mehrere Jahrzehnte auch größere Vermögen steuerschonend übertragen.

Da die Freibeträge für Schenkungen für jeden Elternteil gelten, können so auch größere Werte steuerfrei weitergegeben werden. Bei einem Elternpaar mit zwei Kindern sind alle zehn Jahre Schenkungen für insgesamt 1,6 Millionen Euro steuerfrei – 800 000 Euro (jeweils 400 000 Euro von Vater und Mutter) pro Kind.

Steuersätze und Steuerklassen

Wie hoch die Steuerbelastung ausfällt, richtet sich nach zweierlei: dem Verwandtschaftsgrad sowie dem Wert der Schenkung. Es gilt: Je enger das Verwandtschaftsverhältnis von Schenkerin oder Schenker zum beschenkten Kind, desto höher fällt der Freibetrag des Kindes aus und desto niedriger ist der Steuersatz, zu dem Vermögen jenseits der Freibeträge zu versteuern ist.

Je nach der familiären Nähe zu Schenkerin oder Schenker stehen dem beschenkten Kind jeweils unterschiedliche Freibeträge zu (siehe Tabelle rechts). Am höchsten sind die Freibeträge in Steuerklasse I: In diese Steuerklasse fallen zum Beispiel Schenkungen von Eltern und Großeltern. Für Geschenke von Onkel und Tanten oder Dritten (das kann auch die nicht-verwandte Patentante sein) gelten dagegen die ungünstigeren Steuerklassen II oder III.

Eltern können ihren Kindern innerhalb von zehn Jahren 400 000 Euro steuerfrei übertragen, Großeltern ihren Enkelinnen und Enkeln immerhin noch 200 000 Euro, Dritte dagegen nur 20 000 Euro. Diese Werte gelten pro Eltern-/Großelternteil und Dritte und pro Kind/Enkel/Patenkind. Diese Freibeträge sollten Sie als potenzielle Schenkerin oder Schenker immer gut im Blick behalten.

Bei Schenkungen erneuern sich die Freibeträge – wie geschildert – alle zehn Jahre. Will also eine Patentante ihrem Patenkind eine größere Summe Geld schenken, dann ist der Freibetrag zwischen Nicht-Verwandten von 20 000 Euro zu beachten. Zahlt sie zum Beispiel jährlich ein paar Tausend Euro in einen ETF-Sparplan fürs Kind ein, muss sie innerhalb von zehn Jahren ab der ersten Schenkung unter der Summe von 20 000 Euro bleiben. Hat das Kind Glück und auch noch einen spendablen Patenonkel, kann es auch von diesem innerhalb von zehn Jahren 20 000 Euro bekommen.

Bei Schenkungen (wie bei Erbschaften) hängen die Steuersätze von der jeweiligen Steuerklasse und von der Höhe der steuerpflichtigen übertragenen Werte ab. Sie liegen zwischen 7 und 50 Prozent des Wertes der Übertragung. Sätze von 50 Prozent fallen allerdings erst ab einem Wert von 13 Millionen Euro an.

Freibeträge für Schenkungen und Erbschaften

Je nach Verwandtschaftsgrad gelten verschieden hohe Freibeträge bei Schenkungen und Erbschaften. Bei Übertragungen von Eltern auf Kinder oder Großeltern auf Enkel greifen hohe Freibeträge. Nur was darüber hinausgeht, ist zu versteuern.

Verwandtschaftsverhältnis	Allgemeiner Freibetrag (Euro)	Versorgungsfreibetrag 1) (Euro)	Freibetrag für Hausrat (Euro)	Freibetrag für andere Güter 2) (Euro)
Steuerklasse I				
Ehegatten, eingetragene Lebenspartner	500 000	256 000	41 000	12 000
Kinder, Stiefkinder, Adoptivkinder, Kinder verstorbener Kinder	400 000	10 300 – 52 000 3)	41 000	12 000
Andere Enkel und Stiefenkel	200 000	0	41 000	12 000
Urenkel	100 000	0	41 000	12 000
Eltern, Groß- und Urgroßeltern 4)	100 000	0	41 000	12 000
Steuerklasse II				
Geschwister, Nichten und Neffen, Schwiegerkinder und -eltern, Stiefeltern, geschiedene Ehegatten, Partner einer aufgehobenen Lebenspartnerschaft	20 000	0	12 000 5)	
Steuerklasse III				
Onkel, Tanten, Lebensgefährten, Nachbarn, Freunde und andere	20 000	0	12 000 5)	

1) Gilt nur für Erbschaften, allerdings mindert sich der Versorgungsfreibetrag um den Kapitalwert von Hinterbliebenenrenten.
2) Zum Beispiel für Autos, Wohnmobile oder Boote; nicht etwa für Goldbarren, Münzen, Briefmarken.
3) Kinder bis 5 Jahre 52 000 Euro, bis 10 Jahre 41 000 Euro, bis 15 Jahre 30 700 Euro, bis 20 Jahre 20 500 Euro, bis 27 Jahre 10 300 Euro.
4) Nur bei Erbschaften Steuerklasse I, bei Schenkungen Steuerklasse II mit den dort geltenden Freibeträgen.
5) Zusammengefasster Freibetrag für Hausrat, Wäsche, Bekleidung und andere bewegliche Güter.

Steuerpflichtiges Geschenk bis ... Euro	Steuern in Prozent bei Steuerklasse		
	I	II	III
75 000	7	15	30
300 000	11	20	30
600 000	15	25	30
6 000 000	19	30	30

STEUERSÄTZE: Je nach Verwandtschaftsverhältnis werden die Erben in drei Steuerklassen eingeteilt (Beispiele links). In Steuerklasse I werden maximal 30 Prozent, in Klasse II bis 43 Prozent, und in Klasse III bis zu 50 Prozent Steuern fällig, aber erst ab einem Wert von 13 Millionen Euro.

Aufgrund des Stufentarifs beim Wert des steuerpflichtigen Erbes (oder Geschenks) kann folgendes passieren: Sobald eine Stufe nur knapp übertroffen wird – zum Beispiel mit 76 000 Euro die Stufe bei 75 000 Euro –, kann dies zu einem sprunghaften Anstieg der Steuerbelastung führen. In Steuerklasse I beispielsweise steigt sie von 7 auf 11 Prozent. Denn sobald eine höhere Stufe erreicht wird, gilt dieser Steuersatz für den gesamten Erwerbswert und nicht nur für den Teil, der die untere Stufe übersteigt. Gut zu wissen: Es gibt für diese Fälle eine Ausgleichsregelung. Wird eine Stufe nur knapp überschritten, sorgt sie dafür, dass die beschenkte Person auch nach Zahlung der Steuer noch etwas mehr übrig behält, als wäre sie unter dem Schwellenwert geblieben.

GUT ZU WISSEN: Bei mehreren größeren Schenkungen innerhalb von zehn Jahren und bei Unklarheiten über den genauen Wert der verschenkten Objekte sollte man die Anzeigepflicht nicht aus dem Auge verlieren, sonst macht man sich womöglich der Steuerhinterziehung strafbar.

Erst Schenkung, dann Erbe

Angenommen, ein Großelternteil hat seinem Enkelkind über mehrere Jahre großzügige Geschenke bereitet. Dann verstirbt Oma oder Opa – und vermacht dem Enkel einen großen Geldbetrag. In solch einem Fall werden für die Berechnung der möglichen Erbschaftssteuer das anfallende Vermächtnis und sämtliche Schenkungen der letzten zehn Jahre zusammengerechnet und dann einmal der allgemeine Freibetrag abgezogen. In der Steuererklärung fragt das Finanzamt ausdrücklich nach solchen Vorschenkungen.

Die Steuer wird dann nach dem sogenannten Gesamterwerb neu berechnet. Es kann also sein, dass die Schenkungen noch innerhalb des Freibetrags lagen, dann aber durch das Vermächtnis der Freibetrag insgesamt überschritten wurde und damit Steuern fällig werden. Wichtig: Gelegenheitsgeschenke bleiben weiterhin steuerfrei, wie oben geschildert. Sie werden nicht zu den anderen Werten dazugezählt zur Berechnung etwaiger Erbschafts- und Schenkungssteuer, so ist keine Zusammenrechnung nach § 14 ErbStG vorzunehmen.

Wertpapiere oder ein ganzes Depot verschenken

Sie möchten Ihrem Kind oder Enkel einzelne Wertpapiere schenken oder womöglich Ihr gesamtes Wertpapierdepot? Übertragen Sie als Eltern oder Großeltern ETF- oder Fondsanteile, aber auch andere Wertpapiere an Ihre Kinder oder Enkel, behandeln die Banken das normalerweise als Verkauf – mit der Folge, dass Sie 25 Prozent Abgeltungssteuer plus Soli-Zuschlag und etwaige Kirchensteuer abziehen.

GUT ZU WISSEN: Den Abzug der Abgeltungssteuer können Sie vermeiden, wenn Sie Ihren Depotanbieter vor der Übertragung schriftlich darüber informieren, dass es sich um eine Schenkung handelt. Diese Information müssen die Banken den Finanzämtern umgehend melden.

Dabei wird der Depotanbieter das Finanzamt über den Übertrag und die nicht abgeführte Abgeltungssteuer informieren. Die Finanzbehörden erfahren also automatisch, wer Aktien an wen verschenkt, inklusive des Werts der Aktien und inklusive zugehöriger Einstandskurse.

Werden einzelne Wertpapiere oder ein ganzes Depot auf einen anderen Depotanbieter im Inland übertragen, dann werden auch die Informationen zu den ursprünglichen Anschaffungskosten der Wertpapiere mit weitergegeben. Die bilden dann die Basis für die spätere Berechnung der Steuer, wenn das beschenkte Kind oder Enkelkind die Wertpapiere aus seinem Depot irgendwann in der Zukunft verkaufen wird.

Wird ein vererbtes oder verschenktes Depot später aufgelöst beziehungsweise werden einzelne Titel verkauft, zählt für das Finanzamt der Kurswert, zu dem die Schenkenden das Papier einst erworben haben. Konkret bedeutet das: Haben Sie zum Beispiel ETF-Anteile 2011 gekauft, dann 2017 verschenkt, und wurden die Anteile dann 2024 verkauft, muss der oder die Beschenkte etwaige Kursgewinne seit 2011 versteuern.

Solche Wertpapierschenkungen können noch in anderer Hinsicht steuerlich interessant sein – nämlich dann, wenn die Wertpapiere verkauft werden sollen und wenn Schenkerin oder Schenker einen hohen Einkommenssteuersatz haben, das beschenkte Kind dagegen kein Einkommen: Dann bleiben die Verkaufserlöse steuerfrei, sofern die Freibeträge nicht ausgeschöpft sind.

Dazu ein Beispiel: Eine Mutter hat 12 000 Euro Gewinn auf ihre ETF-Anteile zu Buche stehen; der Gesamtwert der ETF-Anteile beträgt inzwischen 60 000 Euro. Nun sollen die ETF-Anteile verkauft werden, um ihren Zwillingen Geld zukommen zu lassen. Eine steuerschonende Möglichkeit bestünde darin, die Wertpapiere zu gleichen Teilen an ihre beiden Kinder zu verschenken – in diesem Fall schenkungssteuerfrei, da es in den vergangenen zehn Jahren keine Übertragungen gab. Die Kinder verkaufen dann kurze Zeit später die ETF-Anteile – weil sie als Studierende kein sonstiges eigenes Einkommen haben, streichen sie die jeweils 6 000 Euro an realisierten Gewinnen in dem Jahr steuerfrei ein, da die Freibeträge ausreichen.

In diesem Fall gibt es auch keine Probleme mit der gesetzlichen Krankenversicherung, da das Gesamteinkommen der mitversicherten Kinder übers Jahr gerechnet damit nicht höher ist als die erlaubten 588,33 Euro pro Monat (Wert für 2024; siehe Seite 85, 88). Sicherheitshalber sollte man sich aber bei Gestaltungen wie diesen steuerlichen Rat einholen.

GUT ZU WISSEN: Beim Verschenken von Wertpapieren ist der niedrigste am Tag der Schenkung ermittelte Kurs für die Ermittlung etwaiger Schenkungssteuerzahlungen relevant.

Eine Besonderheit gilt es zu beachten, wenn Sie Wertpapiere verschenken, die Sie vor 2009 (Jahr der Einführung der Abgeltungssteuer) angeschafft haben. Denn für Aktien, Anleihen, Fonds, ETF und etliche andere Wertpapiere galt damals noch eine einjährige Spekulationsfrist: Hielt man die Papiere länger als ein Jahr, waren Gewinne damit vollständig steuerfrei. Diese Steuerbefreiung verschenken Sie mit. Eine Ausnahme gilt allerdings für Altanteile von Investmentfonds, wie auf Seite 96 geschildert.

Bei Schenkungen haben Sie die zuvor dargestellten Vorgaben zur Schenkungssteuer zu beachten. Während die Übertragung von einzelnen Wertpapieren in der Regel innerhalb der Freibeträge liegen dürfte, könnte das bei größeren Wertpapierdepots knapp werden. Aber es gibt mehrere Möglichkeiten, mit denen sich beim Übertrag auch von größeren Depots Steuern sparen lassen – zum Beispiel die Kettenschenkung oder die Schenkung unter Nießbrauchsvorbehalt. Bei beiden Gestaltungen sollte man sich vorab fachkundig beraten lassen, bevor es an die Umsetzung geht. Beides finden Sie im Folgenden kurz erläutert.

Kettenschenkung als Steuersparmodell

Bekanntlich kann jedes Elternteil seinen Kindern innerhalb der Zehnjahresfrist Vermögen in Höhe von 400 000 Euro steuerfrei zuwenden. Ist nur einer der beiden Eltern vermögend, kann man erwägen, sein Vermögen nicht direkt auf die Kinder zu übertragen, sondern zunächst einen Teil davon dem nicht-vermögenden Elternteil zukommen zu lassen. Das funktioniert aber nur, wenn die Eltern verheiratet sind: Bei Schenkungen an Ehegatten beträgt der Freibetrag 500 000 Euro. Mithilfe der Kettenschenkung lässt sich nun auch der Freibetrag des zweiten Elternteils aktivieren und bei der Weiterübertragung auf Kinder „heben". Der kann dann nämlich ebenfalls maximal 400 000 Euro an jedes Kind steuerfrei übertragen. Das Finanzamt spielt mit, wenn der beschenkte Partner frei über das geschenkte Vermögen verfügen darf, daher ist es ratsam, eine Anstandsfrist zwischen den beiden Schenkungen verstreichen zu lassen, damit das Finanzamt keinen Gestaltungsmissbrauch wittert.

Bevor Sie Wertpapiere an Kinder oder Enkel steuerschonend verschenken, sollten Sie beachten, dass die Schenkung den zivilrechtlichen Vorschriften entsprechen und glaubhaft sein muss. Zu diesen Themen gibt es eine detaillierte Rechtsprechung. Wichtig ist: Die Vermögensbereiche von Eltern und Kind müssen strikt getrennt voneinander gehalten werden – bei größeren Schenkungen zum Beispiel von Immobilien müssen Sie ohnehin zum Notar gehen. Er kann auch Rückfallklauseln in den Schenkungsvertrag für den Fall einarbeiten, dass Kind oder Enkel später das gesamte Geld – gegen den Willen der Eltern – zum Beispiel einer Sekte spenden möchte. Hier die wichtigsten Voraussetzungen, damit der Fiskus nichts auszusetzen hat:

Eigenes Depot: Kind oder Enkel muss ein eigenes, auf seinen Namen lautendes Depot führen. Erträge aus den Wertpapieren müssen ebenfalls auf ein Konto des Kindes oder Enkels fließen. Das Eigentum an den Wertpapieren muss also zivilrechtlich endgültig auf das Kind oder Enkelkind übergegangen sein.

Treuhänderische Verwaltung: Die Eltern dürfen das Vermögen für ihr minderjähriges Kind nur wie eine Art Treuhänder verwalten und behandeln es wie fremdes Vermögen.

Verwendung nur fürs Kind: Das Geld darf zwischendurch ausschließlich für die Bedürfnisse des Kindes angetastet werden, zum Beispiel für einen Auslandsaufenthalt des Kindes oder Enkels.

Die Schenkung unter Nießbrauchvorbehalt

Was bei Immobilienschenkungen ziemlich gängig ist, ist bei Wertpapierschenkungen als Gestaltungsmöglichkeit allerdings noch wenig bekannt. Bei Wertpapierübertragungen unter Nießbrauchvorbehalt dürfen Sie als Schenkerin oder Schenker die laufenden Erträge aus dem Depot – also zum Beispiel Dividenden oder Zinsen – weiterhin einkassieren. Wegen des vereinbarten Nießbrauchs behalten Sie de facto die Kontrolle über das Depot.

Das Eigentum an den Wertpapieren geht aber schon auf die Kinder oder Enkel über. Dabei lässt sich Schenkungssteuer sparen, denn das Finanzamt berücksichtigt den Nießbrauch steuermindernd. Wie stark, hängt vom Lebensalter der schenkenden Person ab. Werden größere Wertpapierdepots verschenkt, lässt sich auf diese Weise der steuerlich relevante Depotwert womöglich unter den Freibetrag senken.

BERECHNUNG DES NIESSBRAUCHS: Die nötigen Daten zur Berechnung des Werts eines Nießbrauchs stellt das Bundesfinanzministerium im Internet zur Verfügung. Die aktuelle „Bewertung einer lebenslänglichen Nutzung oder Leistung", wie es amtlich heißt, findet man auf der Website des Ministeriums zum Download.

Dazu ein Beispiel: Eine 70 Jahre alte Großmutter möchte ihr Wertpapierdepot im Wert von 300 000 Euro an ihre Enkeltochter verschenken. Normalerweise müsste die Enkelin auf die 100 000 Euro, die über dem Freibetrag liegen, 11 000 Euro an Schenkungssteuer bezahlen (Steuerklasse I, Steuersatz 11 Prozent).

Überträgt die Großmutter das Depot unter Nießbrauchsvorbehalt und angenommen, das Depot erzielt eine Rendite von 4 Prozent, also 12 000 Euro pro Jahr, gilt Folgendes: Der Fiskus wird die 12 000 Euro mit dem – altersabhängigen – Faktor 11,099 multiplizieren, das ergibt dann einen Nießbrauchswert von 133 188 Euro. Dieser Wert wird in Abzug gebracht – mit der Folge, dass der Depotwert unterhalb des Freibetrags von 200 000 Euro liegt. Die Enkelin erhält dann das Depot steuerfrei.

WICHTIG: Wer sich für diese Art von Überträgen interessiert, sollte sich von einem Steuerberater oder einem Fachanwalt für Steuerrecht oder einem Notar im Detail ausgiebig beraten lassen.

Wertpapiere aufs Kind übertragen

Wenn Sie sich mit dem Gedanken tragen, Ihrem Kind oder Enkelkind Wertpapiere aus Ihrem eigenen Depot zu schenken, müssen Sie ein paar Aspekte berücksichtigen.

Zuallererst braucht Ihr Kind oder Enkel ein eigenes Depot. Wo und wie Sie das ganz praktisch eröffnen, erfahren Sie im Folgekapitel. Klar ist, wenn Wertpapiere von einem Depot in ein anderes übertragen werden, geht das nicht von jetzt auf gleich – vor allem dann nicht, wenn Schenker und Beschenkter ihre Depots bei unterschiedlichen Banken führen.

Doch wie lange darf so ein Depotübertrag dauern – und was kostet das? Anders als beim Girokontenwechsel gibt es bei Depotüberträgen kein gesetzlich vorgegebenes Standardverfahren. Die deutsche Finanzaufsicht Bafin schreibt aber vor, dass Depotüberträge innerhalb von längstens drei Wochen ausgeführt werden sollen. Dauert es doch länger, hat das Institut dem Kunden eine Zwischennachricht zu schicken und die Gründe zu erläutern. Die Übertragung von Wertpapieren, die im Ausland lagern, kann zum Beispiel eine Verzögerung verursachen.

Grundsätzlich haben Depotüberträge hierzulande kostenlos zu erfolgen – egal, ob nur wenige Wertpapiere aus einem weiter bestehenden Depot übertragen werden oder ein Komplettdepot, das dann geschlossen wird. Das sehen höchstrichterliche Urteile des Bundesgerichtshofs vor (etwa Az. XI ZR 200/03 und XI ZR 49/04). Mit der Übertragung der Papiere erfülle die Bank eine gesetzliche Pflicht, argumentierten die Richter, daher dürften die Kunden nicht mit den verbundenen Kosten belastet werden. Diese Kosten seien mit den Depotgebühren abgegolten.

Doch wie das Wort „grundsätzlich" schon andeutet, gibt es ein „aber": Gewisse Kosten könnten anfallen. Das gilt zum Beispiel dann, wenn Wertpapiere im Ausland gelagert werden – für Lagerstellenwechsel können Fremdkosten entstehen, die Kunden zu tragen haben.

Übrigens: Wenn Sie Wertpapiere übertragen, klappt das nur mit ganzen Stücken. Haben Sie über die Jahre mithilfe von Sparplänen Vermögen aufgebaut, ist es sehr wahrscheinlich, dass Sie nicht nur ganze Anteile von ETF oder Aktienfonds im Depot liegen haben, sondern auch sogenannte Bruchstücke. Die können Sie nicht übertragen lassen, sondern müssten Sie verkaufen. Wie der Verkauf von Bruchstücken bei Ihrem Depotanbieter funktioniert, sollten Sie dort erfragen.

Bei manchen Anbietern keine Wertpapierüberträge

Aufpassen sollten Sie, wohin Sie Wertpapiere übertragen möchten. Denn einige hierzulande bekannte Neobroker akzeptieren beispielsweise keine Wertpapierüberträge zu ihnen hin; viele führen allerdings auch keine Depots für Minderjährige, sodass sich das Problem in diesem Fall nicht stellt. Doch es schadet nicht, diesen Aspekt im Hinterkopf zu behalten. Vielleicht ist Ihr Enkel schon 18, möchte selbst ein Depot eröffnen – und Sie ihm Wertpapiere schenken? Dann ist das Thema von Bedeutung – und er oder sie sollte dann nicht zu einem Neobroker gehen.

So gehen Sie bei einem Wertpapierübertrag vor

Mit unserer Schritt-für-Schritt-Anleitung ist der Übertrag aufs Kind oder Enkelkind ganz einfach zu bewerkstelligen:

Neues Depot eröffnen: Sofern noch nicht geschehen, eröffnen Sie als Erstes ein neues Depot auf Namen Ihres Kindes. Ohne Zieldepot ist kein Wertpapierübertrag möglich. Wie das genau geht, erfahren Sie gleich im nächsten Kapitel.

Übertrag anstoßen: Sie beauftragen Ihre bisherige Bank, die Wertpapiere zu übertragen. Wichtig ist, dass Sie die Bank im Wechselformular auf die Schenkung aufmerksam machen, damit nicht Abgeltungssteuer abgezogen wird. Die Bank wird diesen Übertrag mit sogenanntem Gläubigerwechsel auch dem Finanzamt mitteilen.

Besonderheit bei Bruchstückanteilen beachten: Haben Sie Bruchstückanteile im Depot, werden diese verkauft, der Verkaufserlös Ihnen gutgeschrieben. Banken können nur vollständige Anteile übertragen.

Abwarten und kontrollieren: Warten Sie ab und kontrollieren Sie, ob alle Wertpapiere übertragen wurden und Ihnen die Erlöse aus Bruchstücksverkäufen gutgeschrieben wurden.

Altes Depot schließen – oder weiterführen: Erst wenn alles über die Bühne gegangen ist, schließen Sie das alte Depot, sofern Sie es nicht für Ihre eigenen Wertpapiergeschäfte weiterführen möchten.

06

So klappt es!

Welche Konten brauchen Sie?

Sie möchten mit dem Investieren fürs Kind beginnen? Jetzt geht es daran, Ihre Pläne in die Tat umzusetzen. In diesem Kapitel erfahren Sie, wie Sie dabei ganz praktisch vorgehen.

Ihr Entschluss steht fest: Sie möchten mit der Geldanlage für Ihren Nachwuchs starten und Konten sowie ein Wertpapierdepot eröffnen. Doch keine Sorge, die Hürden sind niedrig, auch wenn Sie selbst bisher um das Thema Wertpapierdepot einen Bogen gemacht haben. Der Weg zum passenden Depot ist kürzer, als Sie vielleicht denken.

Bevor Sie loslegen, sollten Sie eine Grundsatzfrage entschieden haben: Wollen Sie Gelder fürs Kind auf Ihren eigenen Namen anlegen oder gleich auf den Namen des Kindes? Beides hat seine Vor- und Nachteile, wie in Kapitel 5 bereits ausführlich geschildert wurde. Unser Rat lautet, Konten und Depots auf den Namen des Kindes zu eröffnen, sofern nicht gewichtige individuelle Gründe dagegensprechen. Im Folgenden beschäftigen wir uns vor allem mit den Besonderheiten hierfür.

Wenn Sie mit dem langfristigen Vermögensaufbau für Ihr Kind beginnen möchten, benötigen Sie dafür vor allem ein Tagesgeldkonto und ein Wertpapierdepot. Bei einer kurz- bis mittelfristigen Anlagedauer für einen bestimmten Zeitraum und Zweck kommt auch ein Festgeldkonto für Sie infrage.

Bei den allermeisten Banken und Sparkassen können Sie zudem kostenlos ein Kindergirokonto eröffnen. Das ist sinnvoll – je älter das Kind, desto mehr. Ab einem Alter von zehn bis zwölf Jahren – je nach Reife des Kindes – können Sie dann das Taschengeld auf ein Girokonto des Kindes überweisen, um das Kind behutsam an alltägliche Geldgeschäfte wie das Bezahlen mit Karte heranzuführen.

So ganz nebenbei gewinnt Ihr Kind mit einem eigenen Girokonto, mit dem es sich zunehmend beschäftigt, auch an Finanzkompetenz. (Mehr zum Thema Finanzerziehung erfahren Sie in Kapitel 7.) Überdies gibt es auf Kindergirokonten bei manchen Banken und Sparkassen Sonderzinsen, zumindest für geringe Anlagesummen bis circa 1000 Euro, die man sich ruhig sichern sollte.

Welche Konten fürs Kind?

Hier finden Sie einen Kurzüberblick über die Konten, die für Kinder infrage kommen, und erfahren Sie, wofür sie eingesetzt werden können.

Kinder- oder Jugendgirokonto: Ein Girokonto dient dem alltäglichen Zahlungsverkehr. In aller Regel gibt es auf Gelder, die auf Girokonten liegen, keine Zinsen. Bei Girokonten für Kinder und Jugendliche machen manche Banken und Sparkassen für Anlagebeträge bis circa 1000 Euro aber Ausnahmen. Vor allem, wenn Ihr Kind schon etwas älter ist, können Sie ihm sein Taschengeld per Dauerauftrag auf sein Konto auszahlen und es langsam, aber sicher mit Themen wie Bezahlen mit Karte, Kontoauszügen et cetera vertraut machen. Einen Überblick über Kinder- und Jugendkonten finden Sie unter test.de und auf Seite 151.

Tagesgeldkonto: Ein Tagesgeldkonto dient als kurz- und mittelfristiger Geldparkplatz; auf die angelegten Gelder gibt es Zinsen. Bei einigen Banken kann das Tagesgeldkonto als Verrechnungskonto für ein Wertpapierdepot genutzt werden.

Festgeldkonto: Es gibt ein Sparziel in der mittleren Zukunft? Etwa den Führerschein in drei bis fünf Jahren? Dann kann die Geldanlage auf einem Festgeldkonto, auf dem es in der Regel höhere Zinsen als auf einem Tagesgeldkonto gibt, eine gute Wahl sein.

Wertpapierdepot: Für den langfristigen Vermögensaufbau (Anlagehorizont zehn Jahre und länger) benötigen Sie ein Wertpapierdepot fürs Kind. Es dient als „Heimat“ für Wertpapiersparpläne & Co.

Tagesgeldkonto als Verrechnungskonto zum Depot

Ein leistungsstarkes Tagesgeldkonto ist der solide Ausgangspunkt für den Vermögensaufbau. Besonders praktisch ist es, wenn es auch als Verrechnungskonto für Wertpapierkäufe genutzt werden kann – also als Konto, über das die angeschafften Wertpapiere bezahlt werden. Verkaufen Sie Wertpapiere, wird der Verkaufserlös diesem Konto dann wieder gutgeschrieben. Aufs Guthaben kassiert Ihr Kind dann Zinserträge, die zudem üblicherweise höher sind als bei einem Sparbuch alter Prägung.

Tagesgeldkonten werden von vielen Banken und Sparkassen angeboten. Einen aktuellen Überblick über die besten Konditionen liefert Finanztest unter test.de/zinsen (kostenpflichtig).

Wie sicher ist das Geld angelegt?

Sie fragen sich, was passieren könnte, wenn Ihr Kreditinstitut pleite geht? Bei Anlagen auf dem Tages- oder Festgeldkonto sollten Sie auf die Höhe der Einlagensicherung achten.

Für die allermeisten Eltern, die mit dem Sparen fürs Kind beginnen, ist der gesetzlich abgesicherte Wert ein fernes Wunschziel, auf das sie gerne hin sparen möchten: 100 000 Euro je Kunde und Bank sind abgesichert, falls in Deutschland eine Bank pleitegeht. Geschützt, sind Guthaben auf Girokonten, Spar-, Tages- und Festgeldkonten. Der Schutz ist unabhängig von der Kontowährung und umfasst auch Zinsen, die zwar aufgelaufen, aber noch nicht gutgeschrieben wurden. Der gesetzlichen Einlagensicherung unterliegen alle Banken in der EU und den Staaten des Europäischen Wirtschaftsraums (Island, Liechtenstein und Norwegen).

Unter bestimmten Bedingungen kann sich der maximale Entschädigungsbetrag sogar auf bis zu 500 000 Euro erhöhen. Das gilt allerdings nur für die Dauer von sechs Monaten und das auch nur im Zusammenhang mit bestimmten Lebensereignissen, wie zum Beispiel bei Auszahlung einer Lebensversicherung.

Bei vielen Geldinstituten liegt das Schutzniveau aber sogar noch weitaus höher als der gesetzliche Mindestschutz: Hierzulande kommen bei sehr vielen Geldinstituten freiwillige Einlagensicherungssysteme der jeweiligen Bankengruppen hinzu, die zusätzlich erheblich höhere Summen absichern. Mehr dazu entnehmen Sie bitte der Grafik rechts.

Bei Banken, die ihren Sitz außerhalb von Deutschland haben, sollten Sie darauf achten, dass das „Heimatland" der Bank im Ernstfall in der Lage wäre, die Sparer zu entschädigen. „Im außereuropäischen Ausland weichen die Regelungen zur Einlagensicherung stark voneinander ab. Verbindliche Auskünfte über den Schutzumfang im außereuropäischen Ausland kann nur die jeweils zuständige Einlagensicherung erteilen", informiert die deutsche Finanzmarktaufsicht Bafin. Ein Anlagekonto bei einem Kontoanbieter außerhalb der EU will daher auf jeden Fall sehr gut überlegt sein.

Die Einlagensicherung im Überblick

In Deutschland, EU und EWR gilt ein hohes Schutzniveau. 100 000 Euro sind bei allen Instituten geschützt, bei vielen deutschen noch weitaus größere Summen. Bei Anbietern aus europäischen Ländern beachten Sie die Ländergrafik auf Seite 114.

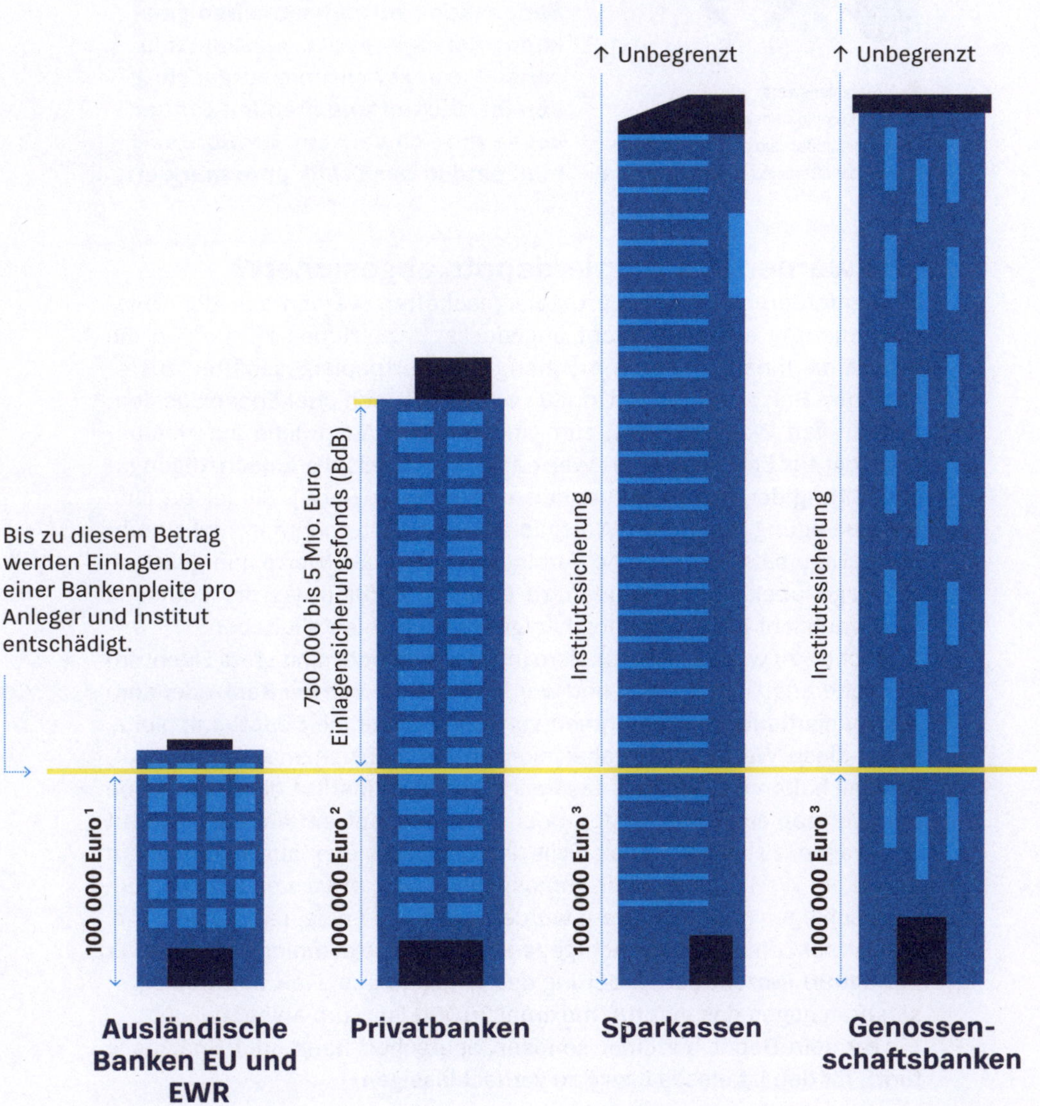

[1] Nationale Einlagensicherung (EU-Richtlinie)
[2] Entschädigungseinrichtung deutscher Banken (EdB)
[3] Gesetzliche Einlagensicherung

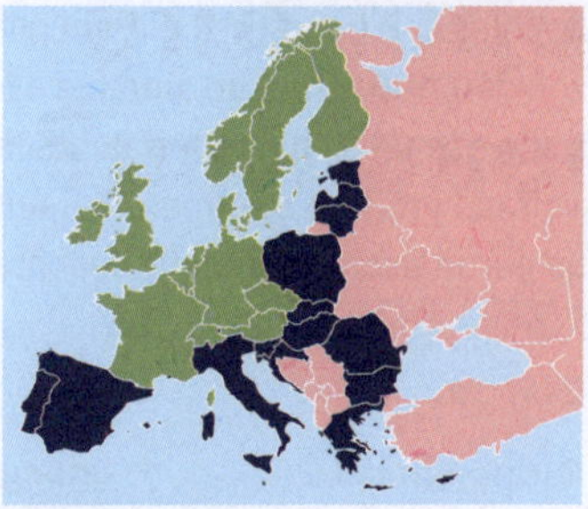

Empfehlenswert
Nicht empfehlenswert
Länder außerhalb des Europäischen Wirtschaftsraums (keine Empfehlung)

WIRTSCHAFTSKRAFT BEACHTEN: Finanztest empfiehlt nur Tages- und Festgeldangebote von Banken aus Ländern mit sehr guter Wirtschaftskraft. Denn es ist hier wahrscheinlicher, dass das Land Sparer bei einer Bankenkrise zeitnah entschädigen kann, wie es in der EU-weiten Einlagensicherungsrichtlinie vorgeschrieben ist. Die entsprechenden Länder sowie die Schweiz und Großbritannien sind in der Grafik grün markiert.

Wie werden Wertpapierdepots abgesichert?

Kundenforderungen aus Wertpapiergeschäften werden von der Einlagensicherung allerdings nicht abgedeckt. Dazu zählen zum einen die Gelder, die Ihnen im Zusammenhang mit Wertpapiergeschäften zustehen (zum Beispiel Ausschüttungen von Dividenden oder Erlöse aus dem Verkauf von Wertpapieren); zum anderen Ihre Ansprüche auf Herausgabe der für Sie verwahrten Wertpapiere. Es greift die Entschädigungseinrichtung der Wertpapierhandelsunternehmen (EdW). Sie leistet eine Entschädigung, wenn ein Wertpapierhandelsunternehmen nicht mehr in der Lage sein sollte, seine Verbindlichkeiten aus Wertpapiergeschäften gegenüber seinen Kunden zu erfüllen. Dafür muss die deutsche Finanzaufsicht Bafin den Entschädigungsfall festgestellt haben.

Wichtig zu wissen: Wertpapiere in Kundendepots sind stets Eigentum der Kundinnen und Kunden und werden für diese von der Bank oder dem Wertpapierhandelsunternehmen verwahrt. Ginge die Depotbank pleite, fallen diese Wertpapiere daher nicht in die Insolvenzmasse. Im Insolvenzfall haben Sie deshalb das Recht, von dem Institut die Herausgabe der Wertpapiere zu verlangen oder Ihr Depot auf ein anderes Institut übertragen zu lassen. Aber: Falls Ihr Depotanbieter aus irgendeinem Grund die Wertpapiere nicht herausgeben kann, etwa weil Wertpapiere unterschlagen oder veruntreut wurden, greift die Anlegerentschädigung. Der Entschädigungsanspruch gegen die EdW ist allerdings gekappt: Er beträgt 90 Prozent der Forderung des Anlegers aus allen Wertpapiergeschäften gegen das Institut, maximal 20 000 Euro pro Anleger.

Wer sein Depot bei einer seriösen deutschen Bank oder Sparkasse führt, für den ist dieses Risiko zu vernachlässigen.

Konto und Depot fürs Kind – was beachten?

Wenn Sie wissen, was Sie wollen, können Sie das Geld fürs Kind bei einem Onlineanbieter anlegen. Doch nicht überall gibt es Kinderkonten und -depots.

Tagesgeldkonten, Termingeldkonten, Girokonten und Wertpapierdepots fürs Kind gibt es mittlerweile nicht nur bei Sparkassen und Filialbanken. Auch immer mehr Onlinebanken bieten sie an. Die bekannten Neobroker wie zum Beispiel Justtrade oder Trade Republic richten sich bislang allerdings nur an erwachsene Kundinnen und Kunden.

Doch wo sind Sie an der passenden Adresse für die Konten und Depots für Ihr Kind? Die Antwort hängt auch davon ab, wo Sie selbst bereits Konten oder Depots haben – und ob Sie der Einfachheit halber daher die Geldanlage für Ihren Nachwuchs ebenfalls dort führen möchten. Klar ist: Ein Depot fürs Kind beim selben Anbieter wie das Elterndepot (sofern bereits vorhanden) erleichtert das Handling. Und auch die Kontoeröffnung fürs Kind klappt schneller, wenn die Eltern bereits Kunden sind und daher ihre Identität bereits festgestellt wurde. Die geplante Geldanlage für den Nachwuchs ist aber auch ein guter Anlass, Ihre eigenen bestehenden Bankverbindungen zu überprüfen. Die folgenden Überlegungen geben Ihnen eine grundsätzliche Einordnung:

Anlegerinnen und Anleger, die sich bereits gut auskennen und wissen, welche Finanzprodukte und Wertpapiere sie erwerben möchten, sind bei einer filiallosen Direktbank oder einem Onlinebroker an der passenden Adresse. Diese Anbieter bieten oftmals deutlich günstigere Konditionen bei Wertpapierdepots und höhere Zinsen auf Tages- und Festgeldkonten als herkömmliche Filialinstitute und sind via Internet rund um die Uhr erreichbar. Eine Übersicht über günstige, bundesweit aktive Anbieter von Depots für Kinder finden Sie im Serviceteil ab Seite 150. Stets aktuelle Konditionen finden Sie unter test.de/sparen-fuer-kinder (Angebot kostenpflichtig). Wer seine Konten und Depots bei einer reinen Onlinebank führt, muss zwar in aller Regel auf eine persönliche Anlageberatung verzichten. Doch das muss kein Schaden sein, im Gegenteil: In der Anlageberatung von Filialinstituten erhalten Anlegerinnen und Anleger üblicherweise keine Empfehlungen zu kostengünstigen Produkten wie zum Beispiel ETF. Für alle, die wissen, was sie wollen, ist der Verzicht auf Beratung also kein Nachteil. Wenn Sie dieses Buch gelesen haben, sind Sie über die wichtigsten Anlageformen für Kinder gut im Bilde.

Sofern Sie aber einen persönlichen Ansprechpartner bei Gelddingen schätzen und mit Ihrer Filialbank zufrieden sind, sollten Sie ruhig erst einmal dort nach einem Angebot fürs Kind fragen. Sehr viele regional tätige Institute wie Sparkassen und Genossenschaftsbanken bieten ebenfalls entsprechende Depots an.

Doch kostenlose Depotführung ist bei Filialinstituten eher die Ausnahme, und die Gebühren für Käufe und Verkäufe sind üblicherweise höher; außerdem sind kostenlose ETF-Sparpläne längst noch nicht bei allen Filialbanken standardmäßig im Angebot. Auch als Kunde eines Filialinstituts können Sie aber Gebühren sparen: indem Sie Aufträge, zu denen Sie keine Beratung benötigen, selbst per Internet aufgeben.

Die Gebühren zu beachten lohnt sich: Da es sich beim Vermögensaufbau fürs Kind um einen sehr langfristigen Sparprozess handelt, fallen Kosten für die Depotführung und Wertpapieraufträge stark ins Gewicht. Sie schmälern die Renditeaussichten nach Kosten spürbar und damit den Anlageerfolg. Vor allem die Konditionen für ETF-Sparpläne fürs Kind sind für Sie von Interesse. Auch dazu finden Sie Informationen im Serviceteil ab Seite 150.

VORSICHT KOSTEN: Hohe Kosten für Depotführung und Sparpläne wirken wie ein negativer Zinseszins – und drücken bei langer Anlagedauer spürbar die Rendite.

Robo-Advisor fürs Kinderdepot?

Wer nach Geldanlagen oder Sparplänen für Kinder im Internet sucht, stößt schnell auf Angebote von Robo-Advisors wie etwa Oskar oder das Quirion Kinderkonto. Ein Robo-Advisor ist ein Computerprogramm, das darauf ausgelegt ist, Geld zu verwalten – standardisiert, zumeist auf Basis von ETF oder aktiv gemanagten Investmentfonds, nach bestimmten, ihm vorgegebenen Algorithmen. Sehr häufig handelt es sich dabei um von der Finanzaufsicht Bafin regulierte digitale Vermögensverwalter. Sie versprechen, Eltern beim Investieren Arbeit abzunehmen.

Wer auf einen Robo-Advisor setzt, braucht sich selbst um seine Anlage in Fonds oder ETF nicht mehr zu kümmern. Der digitale Helfer fragt Anlegende zunächst, welche Erfahrungen sie bei verschiedenen Formen von Geldanlagen haben, wie es um ihre finanzielle Lage bestellt ist, und klärt ab, welcher Risikotyp sie sind. Meist gruppieren die sogenannten Robos Kunden dann in eines von mehreren vorgegebenen Risikoprofilen ein – und danach richtet sich der Anlagevorschlag. Auch wer Wert auf nachhaltige Geldanlage legt, wird fündig.

Die Portfolios werden laufend überwacht. Wenn das Depot vom angegebenen Risikoprofil des Kunden allzu stark abzuweichen droht, wird es umgeschichtet. Aber auch Robos liegen beim Timing von Umschichtungen nicht immer richtig. Wie sich die von den digitalen Verwaltern zusammengestellten Portfolios langfristig in verschiedenen Marktphasen bewähren und wie gut die Umschichtungen funktionieren, lässt sich derzeit noch nicht genau sagen, da einige Angebote zum Teil erst zu kurz am Markt sind. Von den im Sommer 2023 von Finanztest untersuchten Robo Advisors erhielten nur zwei Anbieter vier von fünf Punkte beim Anlageerfolg – die Anbieter Solidvest und Cominvest. Mehr Infos und Tests gibt es unter test.de/robo-advisor (Angebot kostenpflichtig).

Fazit: Wenn Eltern sich beim Vermögensaufbau fürs Kind für das einfache Modell des Pantoffel-Portfolios (mehr dazu ab Seite 51) entscheiden, macht das nur wenig Arbeit. Die kostenpflichtigen Dienste eines Robo-Advisors benötigt man in diesem Fall nicht.

Und vor allem: Robo-Advisors kosten rund 0,5 Prozent der Anlagesumme pro Jahr. Beim langfristigen Sparen macht das einen großen Unterschied. Wer neben den ETF-Kosten auch einem Berater oder Verwalter (wie eben einem Robo) 0,5 Prozent pro Jahr zahlt, hat nach 18 Jahren und einem 50-Euro-Sparplan 1000 Euro weniger angespart. Bei längerem Anlagehorizont und höheren Kosten werden die Unterschiede deutlich größer. Zwischenfazit: Beim Do-it-yourself-Sparplan ist daher nach Kosten häufig mehr drin als mit einem Robo-Advisor.

Dazu ein Rechenbeispiel: Wenn ab Geburt eines Kindes bis zur Volljährigkeit monatlich 50 Euro in einen ETF-Sparplan gesteckt werden, ist eine langfristige Rendite von 6 Prozent historisch betrachtet gut möglich. Dann verfügt das Kind nach 18 Jahren über ein Startkapital von 19146 Euro. Angenommen, es spart sein Arbeitsleben lang 50 Euro bis zum Ruhestand mit 67 Jahren weiter, dann summiert sich sein Endkapital bei dieser langfristigen Durchschnittsrendite auf enorme 501808 Euro. Gehen wir jetzt davon aus, dass das Kind für seine Geldanlage Kosten von 0,5 Prozentpunkten zahlen muss, dann sehen die Zahlen anders aus: Mit 18 hat es dann einen Kapitalstock von knapp 18216 Euro, mit 67 von „nur" 394697 Euro. Ein gewaltiger Unterschied also, der zeigt, wie wichtig es ist, auf die Kosten einer Geldanlage zu achten.

Das Kinderdepot – möglichst kostenlos

Je weniger Kosten mit einer Geldanlage verbunden sind, desto besser. Auf lange Sicht viel Geld sparen lässt sich mit Kostenlosdepots. Die sind in der Regel bei Direktbanken zu finden, nur vereinzelt dagegen bei Filialbanken oder bei spezialisierten Fondsbanken. Bei Letzteren ist eine Eröffnung aber nur in Verbindung mit Fondsvermittlern möglich.

Einige Direktbanken bieten für Kinder uneingeschränkt kostenlose Lagerstellen an. Bei anderen wiederum ist die kostenlose Depotführung an Bedingungen geknüpft, wie etwa ein bestimmtes Depotvolumen oder Einzahlungen in einen Wertpapier-Sparplan. Da gerade für Kinder ETF-Sparpläne für den langfristigen Vermögensaufbau gut geeignet sind, lässt sich diese Voraussetzung leicht erfüllen. Besonders vorteilhaft ist es, wenn nicht nur die Depotführung generell umsonst ist, sondern auch das ETF-Sparen. Das war Anfang 2024 insbesondere bei den Junior-Depotanbietern Flatex, ING und der Targobank der Fall sowie bei der Fondsbank Morgenfund. Eine Übersicht über leistungsstarke Kinderdepots finden Sie im Serviceteil ab Seite 150. Manchmal gibt es die Sonderkonditionen auch noch bis ins junge Erwachsenenalter des Kindes hinein.

NICHT BEI NEOBROKERN: Sie sind Kunde bei einem der bekannten Neobroker wie Trade Republic oder Justtrade, um zwei davon zu nennen? Junior-Depots sind bei den allermeisten Neobrokern derzeit Fehlanzeige. Wenn Sie gezielt fürs Kind in Wertpapieren sparen möchten, müssen Sie sich bei einem anderen Anbieter umsehen.

Die Depotgebühr und die Gebühren für ETF-Sparpläne sind aber nur zwei von mehreren Faktoren, auf die Eltern achten sollten. Gerade wenn Sie sich fürs ETF-Sparen interessieren, die Haushaltskasse manchmal aber schmal ist, sollten Sie auch die Mindestsparrate im Blick haben. Sehr gängig ist eine Mindestsparrate von 25 Euro, bei Anbietern wie Finvesto geht es schon ab 1 Cent, bei der ING ab einem Euro oder bei der Consorsbank ab 10 Euro.

Wenn Sie nicht nur einen ETF-Sparplan fürs Kind einrichten, sondern auch weitere Wertpapiere wie zum Beispiel Einzelaktien handeln möchten, sollten Sie außerdem die regulären Gebühren für Käufe und Verkäufe von Wertpapieren betrachten. Denn bei den regulären Wertpapiergeschäften gibt es üblicherweise keine Vergünstigungen für Kinder. Infos gibt es in den Preis-Leistungs-Verzeichnissen der jeweiligen Anbieter im Internet oder aktuell unter test.de/sparen-fuer-kinder.

Ein Konto oder Depot eröffnen

Zugegeben, es macht ein bisschen Arbeit, Konten und Depot für den Nachwuchs zu eröffnen. Doch wer sich vorher schlau macht, was er dafür braucht, hat es dabei leichter.

Ein Konto oder Wertpapierdepot können Sie gleich nach der Geburt Ihres Kindes eröffnen, auch wenn Sie als frischgebackene Eltern direkt nach der Geburt daran nicht als Erstes denken. Wichtig zu wissen ist, dass nur die gesetzlichen Vertreter, also in aller Regel die Eltern, dazu befugt sind. Patentanten oder -onkel oder die Großeltern dürfen das hingegen nicht. Großeltern können teilweise aber als Kontobevollmächtigte eingesetzt werden (zum Beispiel bei der Targobank oder der Santander Consumer Bank) und dürfen dann für das Kinderdepot auch selbst Wertpapiere ordern. Natürlich dürfen Großeltern, Onkel oder Tanten – aber auch Freunde – beim Sparen helfen und Einzahlungen aufs Verrechnungskonto zum Kinderdepot tätigen. Den Betrag können die Eltern dann in Form einer Einmalzahlung oder im Wege eines Sparplans für das Kind anlegen.

GUT ZU WISSEN: Bei manchen Filial- und Direktbanken können Paten oder Großeltern Konten und Depots zugunsten Dritter eröffnen und das Kind als Begünstigten einsetzen. Was das genau ist, erfahren Sie ab Seite 87.

Diese Unterlagen brauchen Sie zur Eröffnung

Egal, ob Online- oder Filialbank: Einiges an Unterlagen wollen die Banken vorgelegt bekommen, bevor sie ein Kinderkonto eröffnen. Dass nur ein Elternteil alleine zur Bank geht, reicht üblicherweise nicht. Alle Erziehungsberechtigten müssen durch Unterschrift auf den Depoteröffnungsunterlagen ihr Einverständnis erklären. Dafür müssen sie zur Identifikation ihren Personalausweis vorlegen oder alternativ den Reisepass mit Meldebescheinigung. Eine Hürde gibt es bei Eltern mit unterschiedlichen Namen: Sie müssen zusätzlich eine Kopie der Heiratsurkunde vorlegen. Alleinerziehende brauchen eine Kopie des Nachweises über das alleinige Sorgerecht, dann dürfen Sie allein das Konto eröffnen. Bei gemeinsamem Sorgerecht müssen sich beide Elternteile legitimieren. Erforderlich sind auch die Geburtsurkunde des Kindes sowie die Angabe der Steuer-ID des Kindes.

Neben vielen Glückwunschschreiben zur Geburt flattert rasch auch der Brief vom Bundeszentralamt für Steuern in Bonn ins Haus. Das ist häufig das allererste Schreiben, das direkt an das Neugeborene und nicht an die Eltern gerichtet ist. Darin wird die Steuer-ID des neugeborenen Kindes mitgeteilt. Sie ist ein Leben lang und sogar noch 20 Jahre über den Tod hinaus gültig. Das macht deutlich, dass sich der Fiskus auch für die Geldgeschäfte von Kindern grundsätzlich interessiert. Mehr zum Thema Steuern auf Kinderkonten finden Sie ab Seite 90. Wird das Konto oder Depot erst für ältere Kinder eröffnet, wird üblicherweise auch der Personalausweis des Kindes als zusätzlicher Nachweis verlangt.

GUT ZU WISSEN: Sicherheitshalber sollten Sie sich vor dem Termin bei der Bank oder vor dem Einstieg in die Kontoeröffnungsstrecke im Internet bei der Bank schlau machen, welche Unterlagen erforderlich sind (siehe Checkliste rechts). Selbst bei Filialbanken, die Online-Wertpapiersparen anbieten, müssen die Eltern oft persönlich in der Filiale erscheinen. Eine Depoteröffnung fürs Kind, also einen Anleger ohne Börsenerfahrung und profunde Finanzmarktkenntnisse, ist online nicht möglich zum Beispiel bei der Commerzbank und der Targobank.

Reine Onlinebanken bieten die Unterlagen zum Online-Direktausfüllen oder zum Download an. Die nötige Identifikation geht über Postident in einer Postfiliale, oft auch direkt über Videoident vom Sofa aus. Bei der Comdirect ist zum Beispiel auch E-Ident möglich. Dafür benötigen Eltern ein NFC-fähiges Android-Smartphone und den neuen Personalausweis inklusive Pin. Dann kann die Bank den erforderlichen Identitätsnachweis direkt über die Comdirect-App feststellen.

Gut zu wissen: Sind die Eltern bereits legitimierte Kunden derselben Bank, bei der sie auch das Depot fürs Kind eröffnen möchten, kann der Identitätsnachweis unter Umständen entfallen.

Eine Besonderheit bei der Eröffnung eines Kinder- oder Jugenddepots greift bei der Direktbank DKB: Dafür muss zunächst ein zugehöriges Girokonto U18 eröffnet werden. Außerdem gibt es das Kinderdepot nur, wenn mindestens ein Elternteil bereits ein Girokonto bei der DKB führt.

So eröffnen Sie ein Depot fürs Kind

- **Bank auswählen:** Finden Sie die passende Depotbank. Umfangreiche Informationen dazu, welche Banken und Onlinebroker Depots speziell für Kinder anbieten, finden Sie in diesem Kapitel sowie im Serviceteil ab Seite 150. Achten Sie besonders auf günstige Konditionen und das gewünschte Angebot an Anlageprodukten.

- **Antragsformulare ausfüllen:** Je nach Institut füllen Sie die Antragsformulare für die Eröffnung von Depot und dem zugehörigen Wertpapierverrechnungskonto direkt online auf der Website des Instituts aus. Oder Sie fordern diese per Post an. Alternativ gehen Sie zur Filiale Ihrer Hausbank oder Sparkasse.

- **Unterlagen bereitlegen:** Sie brauchen für die Depoteröffnung fürs Kind die Geburtsurkunde und die Steueridentifikationsnummer des Kindes, bei älteren Kindern zum Teil zusätzlich deren Personalausweis sowie die Ausweise der Eltern. Weitere Unterlagen können je nach persönlichen Umständen erforderlich sein.

- **Dokumente in Sonderfällen:**
  – Bei alleiniger Vertretung: Sorgerechtsbeschluss/Negativattest
  – Bei abweichendem Familiennamen: Heirats-/Namensänderungsurkunde
  – Bei gemeinsamem Sorgerecht von nicht verheirateten Eltern: Sorgeerklärung

- **Richtig legitimieren:** Die gesetzlichen Vertreter, also in aller Regel die Eltern, können ein Depot für ihre Kinder eröffnen. Beide müssen durch Unterschrift ihr Einverständnis erklären. Die Eltern müssen sich durch Postident oder Videoident mit Ausweis legitimieren – oder persönlich mit den Dokumenten bei der Bank oder Sparkasse erscheinen.

- **Anmelden und Einloggen:** Kurz nach der Anmeldung erhalten die Eltern als Erziehungsberechtigte die Depotunterlagen mitsamt Kontonummern für Depot und Verrechnungskonto. Außerdem erhalten sie – bei Onlinekontoführung – die Zugangscodes. Nach dem ersten Log-in müssen die Codes in der Regel abgeändert werden. Das Depot ist nun startklar.

ETF und andere Wertpapiere kaufen

Investieren, aber nicht zocken. So sollten Eltern bei der Geldanlage für den Nachwuchs vorgehen. Sparpläne auf international breit gestreute Aktien-ETF sind gut geeignet.

Bei der Geldanlage für den Nachwuchs dürfen die Eltern nicht zu riskant vorgehen – Aktienanlagen schließt das aber keineswegs aus. Zu beachten ist §1642 des Bürgerlichen Gesetzbuches (BGB). Demnach haben Eltern das Geld für ihre Kinder nach den „Grundsätzen einer wirtschaftlichen Vermögensverwaltung" anzulegen, „soweit es nicht zur Bestreitung von Ausgaben bereitzuhalten ist".

Es ist aber geschäftspolitische Entscheidung der Institute, was Eltern genau dürfen. Sparpläne auf international breit gestreute Aktien-ETF sind üblicherweise möglich. Häufig schließen die Banken generell sehr spekulative Termingeschäfte, Hebelpapiere, Geschäfte mit Optionsscheinen & Co. aus. Vor Depoteröffnung sollten Eltern daher bei der Bank ihrer Wahl nachfragen, was dort erlaubt ist und was nicht, um keine negative Überraschung zu erleben.

WICHTIG: Bevor sie fürs Kind ordern, müssen Eltern den Depotbanken bestätigen, dass sie über Erfahrungen und Kenntnisse bei der gewünschten Wertpapierart verfügen.

Nach Bestätigung der Kenntnisse können die Eltern für den Handel der gewünschten Wertpapiere freigeschaltet werden. Wenn ein Wertpapier gehandelt werden soll, für das keine Kenntnisse vorliegen, stellen die Institute Informationen zu Risiken und Eigenschaften des Wertpapiers bereit, manchmal auch Lernvideos. Bei Filialinstituten können sich Kunden auch beim Berater mit dem nötigen Wissen versorgen.

Üblich ist auch Folgendes: Wollen Sie als Eltern Wertpapiere außerhalb der hinterlegten Risikoklasse trotzdem handeln, werden Sie während des Orderprozesses explizit darauf hingewiesen. Sie müssen dann aktiv bestätigen, dass Sie nun Wertpapiere außerhalb der üblichen Risikoklasse handeln möchten.

So kaufen Sie ETF-Anteile fürs Kind

Die erste Hürde ist genommen: Das Depot fürs Kind ist eröffnet. Nun geht es daran, das Depot zu bestücken – und einen Sparplan anzulegen oder eine Einmalanlage zu tätigen. Keine Sorge, beides ist kein Hexenwerk. Sollten Sie sich dazu entschließen, für Ihr Kind nach dem Pantoffelmodell anzulegen, müssen Sie im Basiskonzept nur zwei ETF auswählen: Doch wie finden Sie den richtigen ETF? Die beste Wahl bei Aktien sind weltweit anlegende ETF und für den Sicherheitsbaustein Euro-Staatsanleihen-ETF. Ganz einfach geht das, wenn Sie sich an unsere folgenden Schritt-für Schritt-Anleitungen halten. Zunächst finden Sie alle wichtigen Infos zur ETF-Auswahl für Wertpapiersparpläne erläutert, im zweiten Schritt erfahren Sie wichtige Details zu Einmalaufträgen.

ETF-Auswahl – die Basics

Wer es sich einfach machen möchte, geht bei der ETF-Auswahl so vor:

Im allerersten Schritt schauen Sie nach, welche ETF aus den Auswahltabellen in unserem Serviceteil auf Seite 154 und 156 (1.-Wahl-ETF) Ihr Depotanbieter gebührenfrei offeriert. Oftmals bieten Depotbanken ohnehin nur eine Auswahl und nicht alle am Markt erhältlichen ETF an. Es kann auch sein, dass von den ETF im Angebot nicht jeder bei ihrer Bank sparplanfähig ist. Für Wertpapiersparer schränkt das die Auswahl deutlich ein.

Als Nächstes überlegen Sie sich, ob Sie in eine nachhaltige Variante investieren möchten oder nicht, sofern Ihre Depotbank dies im Angebot hat. Im Serviceteil finden Sie eine Übersicht über die nachhaltigen ETF, die die hohen Anforderungen der Finanztest-Redaktion erfüllen.

Fürs langfristige Sparen und den Vermögensaufbau sollten Sie thesaurierenden ETF den Vorzug geben, weil diese die Erträge sofort wieder im Fondsvermögen anlegen. Daher greift hier langfristig der Zinseszinseffekt: Das wieder investierte Geld mehrt den Kapitalstock, der anschließend weitere Erträge abwirft. Über die Jahre betrachtet beschleunigt sich dadurch der Aufbau des Kapitalstocks. Gut zu wissen: In unseren ETF-Tabellen auf Seite 154 und 156 sind nur thesaurierende ETF enthalten. Sofern Ihr Broker mehrere thesaurierende 1.-Wahl-ETF gebührenfrei im Sparplan anbietet, können Sie jeden beliebigen wählen oder auf die bisherige Performance und die laufenden Kosten achten. Auch diese Informationen finden Sie in den Tabellen. Fertig – Sie können nun unter Eingabe der jeweiligen Isin, eine Art Identifikationsnummer, einen Sparplan auf den ausgewählten ETF abschließen oder einen Einmalauftrag erteilen.

ETF-Auswahl – wenn Sie es genauer wissen wollen

Es gibt weitere Feinheiten, die diejenigen, die sich schon etwas auskennen, bei der Auswahl von ETF berücksichtigen können. Dies ist aber aus unserer Sicht kein Muss für jedermann. Daher haben wir in unseren Tabellen im Service-Teil hierzu keine Unterscheidungen getroffen. Gerade Einsteiger können den folgenden Abschnitt daher getrost auslassen und weiterlesen auf Seite 125. Ein solches Detail ist die sogenannte Replikationsmethode des ETF:

ETF können auf verschiedene Arten und Weisen „bestückt" werden. Anbieter eines Aktien-ETF zum Beispiel können die Aktien, die im Index enthalten sind, tatsächlich kaufen. Das nennt man dann „vollständige Nachbildung" oder „physische Replikation". ETF-Anbieter können aber auch das Abschneiden des Index (die sogenannte Indexperformance) über ein Tauschgeschäft (einen sogenannten Swap) darstellen.

Swap-basierte ETF gehen Tauschgeschäfte ein, um die Indexentwicklung zu gewährleisten. Auch sie enthalten Aktien, aber eben nicht unbedingt genau die, die im Index, dessen Wertentwicklung nachgebildet werden soll, eigentlich enthalten sind. Zusätzlich enthalten diese ETF Swaps maximal im Wert von 10 Prozent des Fondsvermögens, die genau die Indexentwicklung garantieren. Klingt zugegebenermaßen etwas kompliziert. Swap-basierte ETF kommen gerne bei ETF auf exotische Märkte zum Einsatz, in denen eine physische Nachbildung nicht so leicht möglich ist, aber nicht nur dort, sondern auch bei bestimmten ETF-Sonderformen. Für mehr Details sei Ihnen das Buch „Anlegen mit ETF" empfohlen.

Wer es bei der ETF-Auswahl genau nimmt, kann bei voll replizierenden (also voll nachbildenden) ETF auch noch auf das sogenannte Fondsdomizil achten – das ist das Land, in dem der ETF aufgelegt wurde. Speziell bei ETF auf US-Aktien oder Indizes mit einem hohen US-Aktienanteil wie zum Beispiel dem MSCI World Index können nämlich auch steuerliche Effekte das Ergebnis beeinflussen. Physisch nachbildende ETF mit einem hohen Anteil an US-Aktien mit Fondsdomizil in Irland können Vorteile gegenüber ETF aus anderen Ländern haben, zu erkennen an den ersten beiden Buchstaben der Isin: IE steht für Irland. Der Grund: Die USA ziehen 30 Prozent Quellensteuern auf Dividendenausschüttungen ab, die ins Ausland gezahlt werden. Das US-irische Doppelbesteuerungsabkommen ermöglicht es jedoch, die Hälfte der Quellensteuern zurückzubekommen – ein Vorteil gegenüber ETF zum Beispiel aus Luxemburg.

TIPP: Wer beim MSCI World Index die Wahl hat, nimmt einen voll replizierenden ETF mit Fondsdomizil Irland, es sei denn, ein Alternativ-ETF ist circa 0,25 Prozent günstiger.

Sparplan abschließen

Haben Sie den für Ihren Nachwuchs passenden ETF ausgewählt, müssen Sie jetzt nur noch festlegen, mit welcher Rate Sie sparen wollen und wie häufig. Gängig sind monatliche Sparpläne. Keine Sorge, wenn Sie merken, dass Sie sich die anfänglich ausgesuchte Rate nicht dauerhaft leisten können. Sparraten lassen sich jederzeit flexibel ändern, sofern man die Mindestsparrate erfüllt. Auch wenn Sie mal einen Monat aussetzen wollen oder müssen, ist das in der Regel überhaupt kein Problem.

Ähnlich wie bei einem Dauerauftrag investieren Sie bei einem Sparplan für den Nachwuchs regelmäßig eine bestimmte Summe in ETF-Anteile. Wie viele Anteile man jeweils für seine Sparrate bekommt, ist unterschiedlich und hängt von der Kursentwicklung ab. Bei Rücksetzern an der Börse erhält man mehr Anteile für seine Sparrate, geht es mit den Kursen hingegen aufwärts, bekommt man weniger.

So mancher Anbieter von ETF-Sparplänen wirbt mit dem sogenannten Cost-Average-Effekt (Durchschnittskosteneffekt) für die Sparplananlage: Wenn sich die Kurse langfristig nach oben bewegen, können Anleger unter Umständen vom Durchschnittskosteneffekt profitieren, der bei der Anlage gleichbleibender Beträge auftreten kann, aber nicht muss.

Die Argumentation geht so: Da die Kurse der ETF mit der Zeit schwanken, führt das dazu, dass Anlegerinnen und Anleger, die stets mit der gleichen Geldrate sparen, zumindest im Idealfall die Anteile günstiger erwerben als diejenigen, die stets die gleiche Menge von Anteilen bei unterschiedlich hohen Preisen erworben hätten.

Sparplananleger sollten sich aber klarmachen, dass man nur im Nachhinein wissen kann, ob sich der Cost-Average-Effekt wirklich bemerkbar gemacht hat. Denn die Wirkung des Effekts ist nicht so eindeutig, wie es die Werbung manchmal verspricht, und hängt unter anderem von der Marktphase und der Anlagedauer ab.

Das viel wichtigere Argument für einen Sparplan liegt darin, dass er – einmal abgeschlossen – zum Sparen diszipliniert. Nun benötigt man nur noch gute Nerven, um den Sparplan stoisch durchzuhalten, auch wenn es an den Börsen mal turbulent wird. Beruhigend ist dann der Blick auf die historischen Daten zur Langfristentwicklung an den internationalen Börsen (mehr dazu siehe Seite 73).

Stellt sich die Frage, ob es einen besonders guten Zeitpunkt gibt, um mit einem Sparplan zu starten? Klare Antwort: jederzeit! Denn die Frage nach dem richtigen Timing für Börsengeschäfte wird Studien zufolge massiv überschätzt – vor allem bei langfristigem Ansparen fällt Timing kaum ins Gewicht. Je länger gespart wird, desto unwichtiger ist es.

PRAXISTIPP: Legen Sie die gewünschte Sparrate fest, ab wann der Sparplan laufen soll und wie oft gespart wird, also ob monatlich oder in anderen Intervallen – und schließen den Auftrag ab. Los geht's mit dem Sparen.

ETF-Einmalanlage

Sie haben eine bestimmte Summe zur Verfügung und möchten das Geld auf einen Schlag investieren? Dann müssen Sie kurz rechnen. Angenommen, Sie haben 5 000 Euro zur Verfügung, und der ETF-Anteil kostet 48,12 Euro, dann kaufen Sie der Einfachheit halber 100 Anteile, auch wenn 103 Anteile rechnerisch möglich wären. Erstens müssen Sie mit einkalkulieren, dass Sie für den Kauf ja auch Brokergebühren zahlen – und zweitens erleichtern glatte Stückzahlen den Überblick im Depot.

Bevor Sie den Auftrag bei Ihrer Depotbank aufgeben, legen Sie ein Kurslimit fest. Damit bestimmen Sie, welchen Kurs Sie bereit sind, maximal für den Kauf zu zahlen. Erfahrene Anleger setzen das Limit beim Kauf gerne etwas tiefer und warten ein wenig ab. Da die Kurse schwanken, kommt man im Tagesverlauf häufig irgendwann doch noch für ein paar Euro oder Cents je Anteil günstiger zum Zug. Allerdings geht man das Risiko ein, dass der Kauf nicht ausgeführt wird.

Wenn Sie kaufen möchten, sollten Sie es während der Haupthandelszeiten an den Börsen wagen. Dann sind die meisten Marktteilnehmer aktiv, die Liquidität an den Börsen ist daher am höchsten, und die Handelsspannen für die Wertpapiere sind vergleichsweise gering.

Xetra, die vollelektronische Handelsplattform der Deutschen Börse, ist der Hauptumschlagplatz für ETF, hier wird in der Zeit von 9 bis 17:30 Uhr gehandelt. Onlinebanken und -broker haben in ihren Handelsmasken oftmals andere Handelsplätze als Xetra voreingestellt. Manchmal kosten Aufträge an diesen vorgeschlagenen Handelsplätzen keine oder weniger Gebühren als über Xetra. Die Rechnung geht für Sie dann auf, wenn die Kurse, zu denen Sie die ETF-Anteile dort kaufen können, mindestens ebenso gut wie auf Xetra sind.

07

Mit Geld umgehen können

Finanzwissen für den Nachwuchs

Eine kluge Geldanlage fürs Kind ist das eine, Kinder zu finanzkompetenten Erwachsenen werden zu lassen das andere. Wir zeigen, was Eltern und Großeltern dafür tun können.

Eltern und Erziehungsberechtigten kommt eine Schlüsselfunktion bei der Finanzbildung ihrer Kinder zu. Leider erhalten Eltern derzeit in den Schulen wenig Unterstützung bei ihrer Mission, praktische finanzielle Bildung wird dort allenfalls stiefmütterlich behandelt. Deutschland ist Nachzügler, was die systematische Finanzbildung angeht.

Daher tun Erziehungsberechtigte gut daran, das Thema Finanzbildung ihrer Kinder von Anfang an selbst mit in die Hand zu nehmen. Auf den folgenden Seiten erfahren Sie zunächst, wie die Ausgangslage in Deutschland in Sachen Finanzbildung aussieht – und was Sie als Eltern dafür tun können. Der Weg führt über die Erkenntnis der eigenen „Geld-Werte", übers Reden und Vorbild-Sein hin zum Selbst-Machen-Lassen. Abschließend stellen wir dar, was Sie – je nach Alter Ihres Kindes – ganz konkret unternehmen können. Auch Großeltern und Paten finden gewiss Anregungen, die sie aufgreifen können.

Finanzbildung mangelhaft

Jeden Tag treffen Menschen aller Altersstufen Finanzentscheidungen: Ob man vom Taschengeld lieber Kaugummi oder Sammelbilder kaufen oder doch besser das Geld im Sparschwein lassen sollte – später sind es dann Entscheidungen zur Berufswahl, zum Abschluss von Versicherungen, zur Frage Wohnung kaufen oder mieten und vieles mehr. Um diese Vielzahl an Entscheidungen beispielsweise als Arbeitnehmer, Arbeitgeberin, Verbraucher, Geldanlegerin, Versicherungsnehmer, Mieterin oder Vermieter fundiert treffen zu können, braucht es finanzielle Bildung.

Finanzielle Bildung gilt als „21st Century Skill", sagt etwa Prof. Dr. Carmela Aprea, Direktorin des Mannheim Institute for Financial Education (MIFE) und Lehrstuhlinhaberin für Wirtschaftspädagogik (siehe Interview Seite 146). Finanz-Kompetenzen gewinnen zunehmend an Bedeutung – zumal „immer früher im Leben eines Menschen das Thema

Finanzen Relevanz erhält: Man denke nur an Online-Shopping, den Vormarsch bargeldloser Bezahlmethoden oder Mobilfunkverträge", heißt es in einer Studie des Deutschen Instituts für Altersvorsorge (DIA).

Dabei ist klar, dass Bildung in Sachen Finanzen nicht nur für den Einzelnen wichtig ist, sondern für die Gesellschaft als Ganze. Oder wie es die Bundesregierung in ihren 2023 veröffentlichten Eckpunkten für finanzielle Bildung ausdrückt: „Finanzielle Bildung ist ein wichtiger Teil der Allgemeinbildung. Sie erleichtert die individuelle Lebensführung. (...) Als Teil der ökonomischen Bildung öffnet sie auch den Blick auf die Funktionsweise unseres Wirtschafts- und Finanzsystems. Finanzielle Bildung ist deshalb eine Grundvoraussetzung für kompetente ökonomische Teilhabe in modernen, marktwirtschaftlich verfassten Gesellschaften."

WAS VERSTEHT MAN UNTER FINANZIELLER BILDUNG? Die Industrieländerorganisation OECD spricht von „Financial literacy" und versteht darunter „eine Kombination aus Bewusstsein, Wissen, Fähigkeiten, Einstellungen und Verhaltensweisen, die erforderlich ist, um solide finanzielle Entscheidungen zu treffen und letztlich individuelles finanzielles Wohlergehen zu erreichen".

Darunter fällt eine ganze Menge – unter anderem die Fähigkeit, die eigenen Einnahmen und Ausgaben im Griff zu haben, Kenntnisse zu Sparen, Anlegen und Altersvorsorge und zu Gefahren von Überschuldung et cetera. Wer darüber Bescheid weiß, kann eigenständige, selbstbestimmte Finanzentscheidungen treffen und vermeidet schwerwiegende Fehler.

Fakt ist allerdings, dass Deutschland in vielerlei Hinsicht in puncto Finanzbildung spät dran ist. Schon seit vielen Jahren bestätigen Studien immer wieder, dass es um die Finanzkompetenz von Jugendlichen, aber auch Erwachsenen alles andere als gut bestellt ist. Überdies überschätzen viele Menschen ihre Kompetenzen.

Der Lernort Schule könnte für Kinder und Jugendliche bei der Verbraucherfinanzbildung zwar eigentlich eine wichtige Rolle spielen – doch hierzulande unterscheiden sich die Lehrpläne von Bundesland zu Bundesland in Teilen deutlich. So gibt es das Fach Wirtschaft längst nicht überall – und was darin gelehrt wird, ist für Heranwachsende oft wenig greifbar. Praxisnahe Informationen, etwa zur Steuererklärung oder zu Geldanlage, sind selten – und Infos dazu meist dem Engagement einzelner Lehrkräfte zu verdanken. Da überrascht es wenig, dass in der Jugendstudie 2021 des Bundesverbands deutscher Banken zwei Drittel der

Jugendlichen und jungen Erwachsenen angeben, dass sie in der Schule „nicht so viel" bis „so gut wie nichts" über Wirtschaft und Finanzen lernen beziehungsweise gelernt haben.

Immerhin tut sich nun etwas: Das Bundesfinanzministerium (BMF) und das Bundesministerium für Bildung und Forschung (BMBF) arbeiten mit der OECD an einer „Finanzbildungsstrategie für Deutschland". Demnach will Deutschland eine nationale Finanzbildungsstrategie erarbeiten, eine Finanzbildungsplattform aufbauen und die Forschung zum Thema fördern. Aber Deutschland ist Nachzügler. Unser Nachbar Österreich hat bereits seit 2021 eine „Nationale Finanzbildungsstrategie" .

Die Finanzlage der Eltern ist ausschlaggebend

Angesichts der deutschen Ausgangslage ist es kein Wunder, dass es bisher hierzulande „vom Zufall, also von Wohnort, Schule und Elternhaus abhängt, ob Kinder und Jugendliche mit finanzieller Bildung in Berührung kommen, vor allem mit alltagspraktischer Finanzbildung", sagt Birgit Happel, Referentin für finanzielle Bildung und Finanzcoach und im Vorstand des Vereins „Präventionsnetzwerk Finanzkompetenz" engagiert.

Bei uns sind eine gute Gelderziehung und damit das Finanzwissen von Kindern und Jugendlichen erheblich von der wirtschaftlichen Lage der Ursprungsfamilie abhängig. Sie beeinflusst, wie in der Familie mit Geld umgegangen und wie darüber gesprochen wird. „Es zeigt sich, dass die wirtschaftliche Situation der Eltern oft ausschlaggebend dafür ist, ob Kinder konfliktfrei, offen und planvoll den Umgang mit Geld lernen", sagt Korina Dörr, Leiterin des Beratungsdienstes Geld und Haushalt, dem Beratungsdienst der Sparkassen-Finanzgruppe. Diese Prägung in der Familie wirkt nachhaltig auf Kinder und beeinflusst, wie sie später als Erwachsene mit Geld umgehen. Das zeigt eine aktuelle Umfrage des Umfrageinstituts Kantar für Geld und Haushalt, siehe die Seite rechts.

Die Frage nach der Finanzbildung wird somit für die deutsche Gesellschaft auch zu einer Frage der Chancengerechtigkeit. Der Kreislauf, dass Finanzbildung von Kindern in finanziell schwächer gestellten Familien ebenfalls schwächer ausfällt, müsste durchbrochen werden. „Die Gefahr besteht darin, dass ein Underdog-Bewusstsein über Generationen hinweg weitergegeben wird", glaubt auch Carmela Aprea von der Universität Mannheim.

Doch bis praktische Finanzbildung in allen Lehrplänen der Schulen verankert ist und eine nationale Finanzbildungsstrategie wirklich gelebt wird, kann es noch eine Weile dauern. Daher gilt für Erziehungsberechtigte: Nicht die Hände in den Schoß legen, sondern selbst aktiv werden.

Familie prägt Umgang mit Geld

Eine gute Gelderziehung und damit das Finanzwissen von Heranwachsenden hängen deutlich von der wirtschaftlichen Lage der Ursprungsfamilie ab. Diese Prägung in der Familie wirkt nachhaltig auf Kinder und beeinflusst, wie sie später als Erwachsene mit Geld umgehen können. Das zeigt eine Kantar-Umfrage im Auftrag von Geld und Haushalt, dem Beratungsdienst der Sparkassen-Finanzgruppe.

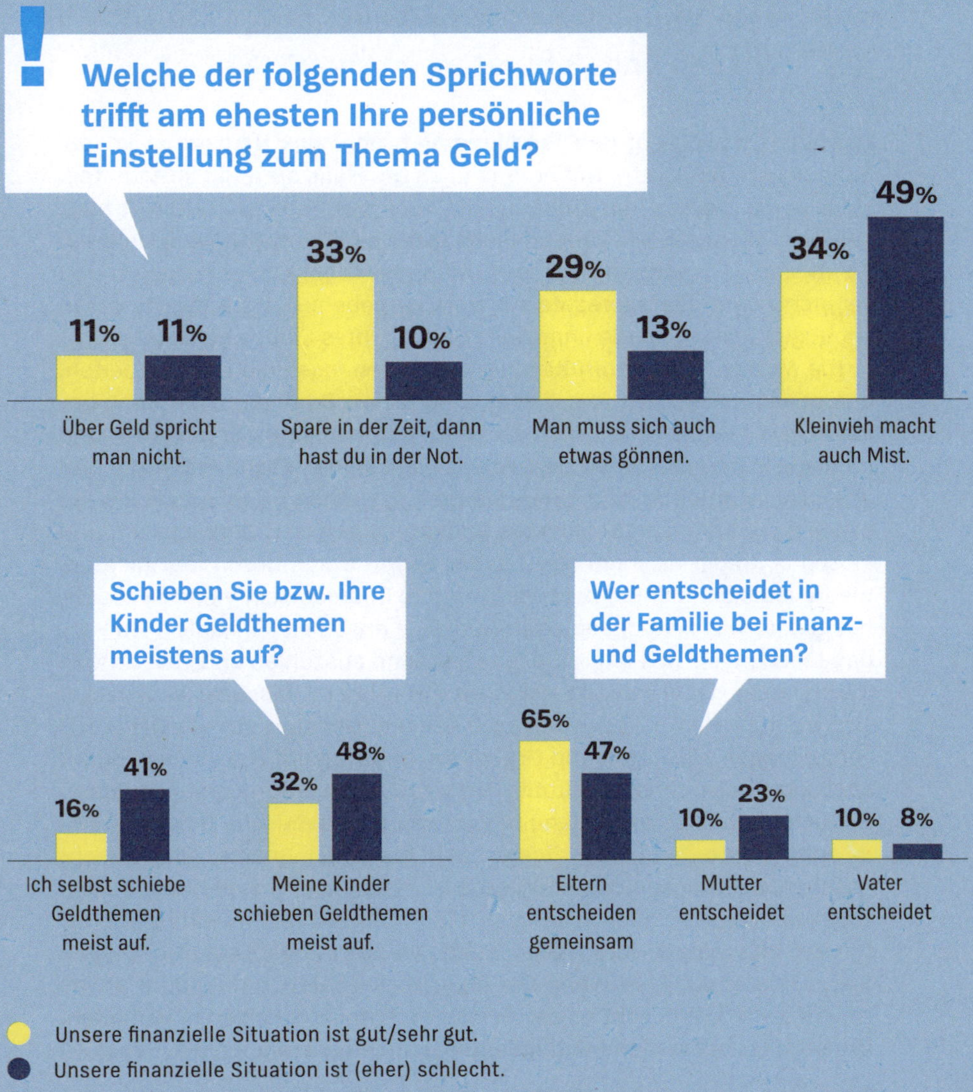

Von der Selbsterkenntnis zum Handeln

Von klein auf können Kinder eine Menge über Geld und Wirtschaft lernen. Eltern, die sich ihrer Vorbildfunktion bewusst sind, können Wissen und Kompetenzen vermitteln.

Die Eltern wollen auf den Wochenmarkt, aber das Bargeld ist knapp. Schnell geht die Mutter mit dem Kind an der Hand zum Geldautomaten. „Mama, wie kommt das Geld eigentlich in den Automaten rein?", fragt das Kind. Wenn die Mutter nun diese Frage nicht abwehrt, weil sie gerade in Eile ist, sondern auf das Interesse des Kindes eingeht und versucht, eine altersgerechte Antwort zu geben, hat sie bereits einen wichtigen Beitrag für die finanzielle Bildung ihres Kindes geleistet.

Die Mutter könnte zum Beispiel antworten, dass die Eltern arbeiten, dafür Geld bekommen und dieses Geld an die Bank geht; die Bank bewahrt das Geld für die Eltern so lange auf, bis sie es brauchen – und dann aus dem Automaten ziehen. Das wäre eine einfache Antwort – und vielleicht würde das Kind eine erneute Frage stellen. Und schon könnte sich ein erstes Gespräch über die Bedeutung von Geld entwickeln.

Schon Kinder im Kindergartenalter finden Geldmünzen faszinierend. Sie freuen sich über ein paar Münzen fürs Sparschwein – und beobachten genau, was Erwachsene mit Geld alles anstellen: Einkäufe bezahlen, das Taschengeld ans ältere Geschwisterkind auszahlen und vieles mehr. Sie nehmen dabei indirekt wahr, ob ihren Eltern das Geld eher locker sitzt oder ob sie Ausgaben bewusst tätigen. Genauer gesagt: Die Wertvorstellungen, die Eltern und Großeltern in Bezug auf Geld haben, erhält auch der Nachwuchs vermittelt – ob bewusst oder oft auch unbewusst.

Auch in puncto Gelderziehung gilt, was der bayerische Humorist Karl Valentin so treffend ausdrückte: „Wir brauchen unsere Kinder nicht erziehen, sie machen uns sowieso alles nach." Eltern sind eben in allen Lebensbereichen – auch in puncto Geld – Vorbilder für ihre Kinder, im Guten wie im weniger Guten. Ganz schön viel Verantwortung also, mögen Sie jetzt denken. Aber wenn Sie dreierlei beachten, kann kaum etwas schiefgehen: Dabei geht es um Selbsterkenntnis und eigenes Verhalten, sinnvolle Geldgespräche und Anleitung zum eigenständigen Lernen.

„Erkenne dich selbst!" – und mache dich schlau(er)

Mehr als 2400 Jahre alt ist diese Forderung des griechischen Philosophen Sokrates – und so aktuell wie eh und je, auch für das Thema Finanzbildung. Erziehungsberechtigte sind daher im ersten Schritt gut beraten, sich über ihre eigenen Einstellungen zu, Vorurteile gegen, Erfahrungen mit Geld und Vermögensbildung vertiefte Gedanken zu machen und sich ins Bewusstsein zu rufen. Wie sind Sie selbst finanziell aufgewachsen, was sind Ihre Glaubenssätze in puncto Geld, die Sie geprägt haben? Haben Sie womöglich Sätze wie „Geld regiert die Welt", „Geld stinkt nicht" oder „Das ist nur was für Reiche" gehört und verinnerlicht?

Welche Einstellungen haben Sie selbst gegenüber Geld? Ist es positiv oder eher negativ besetzt? Dabei ist Geld, wenn man sich damit unvoreingenommen und wertfrei beschäftigt, zunächst ein neutrales Tauschmittel. Anders ausgedrückt ist es ein Ermöglicher, das von Menschen in seiner Bedeutung aufgeladen wird – im Positiven wie im Negativen.

Wichtig ist es, dass Eltern sich darum bemühen „einen realistischen oder bodenständigen Zugang zu Geld mit all seinen Möglichkeiten, aber auch mit seinen Grenzen zu vermitteln. Das ist die große Kunst. Und da muss man sich als Elternteil seiner eigenen Beziehung zu Geld sehr stark bewusst werden", sagt die Mannheimer Professorin Carmela Aprea. Geld sollte Kindern gegenüber weder verteufelt noch als Allheilmittel dargestellt werden.

„Bestimmte Glaubenssätze oder auch Erwartungen an die Zukunft werden im Elternhaus sehr, sehr stark geprägt", sagt Aprea. Gerade Geldthemen werden auch durch sogenanntes Modelllernen vermittelt – also durch die Art und Weise, wie Eltern selbst mit Geld umgehen und sich dazu äußern. Dieses Erlernte wird oft unterbewusst verankert – daher ist es in späteren Lebensjahren, etwa in der Schule oder an der Universität, nicht ganz einfach, sich seine Einstellungen und Lernerfahrungen überhaupt erst selbst bewusst zu machen, geschweige denn „umzulernen". „Wenn ich die Erfahrung gemacht habe, dass ich nie das bekomme, was ich brauche oder umgekehrt, dass ich nur lange genug betteln muss, bis ich alles bekomme, was ich will, dann entstehen aus solchen Erfahrungen schnell verfestigte Glaubenssätze", sagt Aprea. „Es ist daher sehr wichtig, dass die Eltern Vorbild sind und ihr eigenes Verhalten auch reflektieren."

Allerdings kann es vorkommen, dass Vater und Mutter sehr verschiedene Einstellungen zu Geld haben und unterschiedlich damit umgehen. Das kann zum Problem werden, muss es aber nicht, wenn darüber offen gesprochen wird. Denn so können Kinder begreifen, dass es verschiedene Sichtweisen gibt – und dass es im Zusammenleben oft darum geht, Kompromisse zu schließen.

Besonders wichtig ist es, sich dem Thema Schulden zu stellen. Treten ernsthafte Probleme zutage, ist es angebracht, professionelle Hilfe zu suchen. Auch hier zeigt sich, dass geringe finanzielle Bildung und mangelnde Selbstkontrolle mögliche Ursachen für Überschuldungen sind. Wachsen Jugendliche gerade auf diesem Feld ohne gutes Vorbild auf, steigt die Gefahr, dass sie später selbst in Schwierigkeiten geraten.

Warum kann es sinnvoll sein, Schulden für einen Hauskauf zu machen, aber nicht für einen Urlaub? Bei Ersterem handelt es sich um Schulden für eine langfristige Investition, die dazu beitragen können, langfristig Vermögen aufzubauen und Rendite abzuwerfen. Bei Zweiterem handelt es sich um eine Finanzierung von kurzfristigem Konsum – ist der Urlaub vorbei, sind die Schulden noch da und müssen abgetragen werden. Doch die nächste Verlockung wartet schon – wer jetzt nicht aufpasst, kann in einer Schuldenspirale landen. Darum werden Investitionsschulden gern als „gute" und Konsumschulden als „schlechte Schulden" bezeichnet.

Es lohnt also für Eltern und Großeltern, sich vertieft über ihre Einstellungen zu Geld Gedanken zu machen und sich dazu auszutauschen. Dabei kommen Sie vielleicht sogar zu Erkenntnissen, die für Sie überraschend sind: Sind Sie möglicherweise selbst wohlhabender, als Sie dachten – und war es Ihnen bisher gar nicht bewusst?

VIELE SIND REICHER, ALS SIE DENKEN: Auf der Website des Instituts der Deutschen Wirtschaft (arm-und-reich.de/Verteilung/Wahrnehmung) können Sie in einem interaktiven Rechner durchspielen, wie hoch Ihr Einkommen im Vergleich zum Einkommen anderer Bundesbürger ausfällt.

Als Alleinstehender gehört man ab einem Nettoeinkommen von 3700 Euro im Monat zu den oberen 10 Prozent in Deutschland und damit klar zu den Besserverdienenden. Bekommen Sie mehr als 4560 Euro monatlich, zählen Sie sogar zu den oberen 5 Prozent. Für Paare gelten etwas andere Grenzwerte: Zu den oberen 10 Prozent zählen Paare bei einem gemeinsamen Einkommen von 5550 Euro netto im Monat.

Haben Sie herausgefunden, dass Sie in puncto Einkommen eher zu den Wohlhabenderen gehören – und ist diese Erkenntnis Ihnen womöglich unangenehm? Denn Sie haben Bilder von – angeblichen oder eingebildeten – Reichen aus Social-Media-Kanälen oder dem Fernsehen im Kopf, die Ihnen zutiefst unsympathisch sind? Vielleicht weil Sie selbst

Das prägt unser Money Mindset

Unsere Einstellung zu Geld ist nicht zufällig, sondern das Ergebnis von Prägungen. Logische Folge: Wir können unser Mindset ändern.

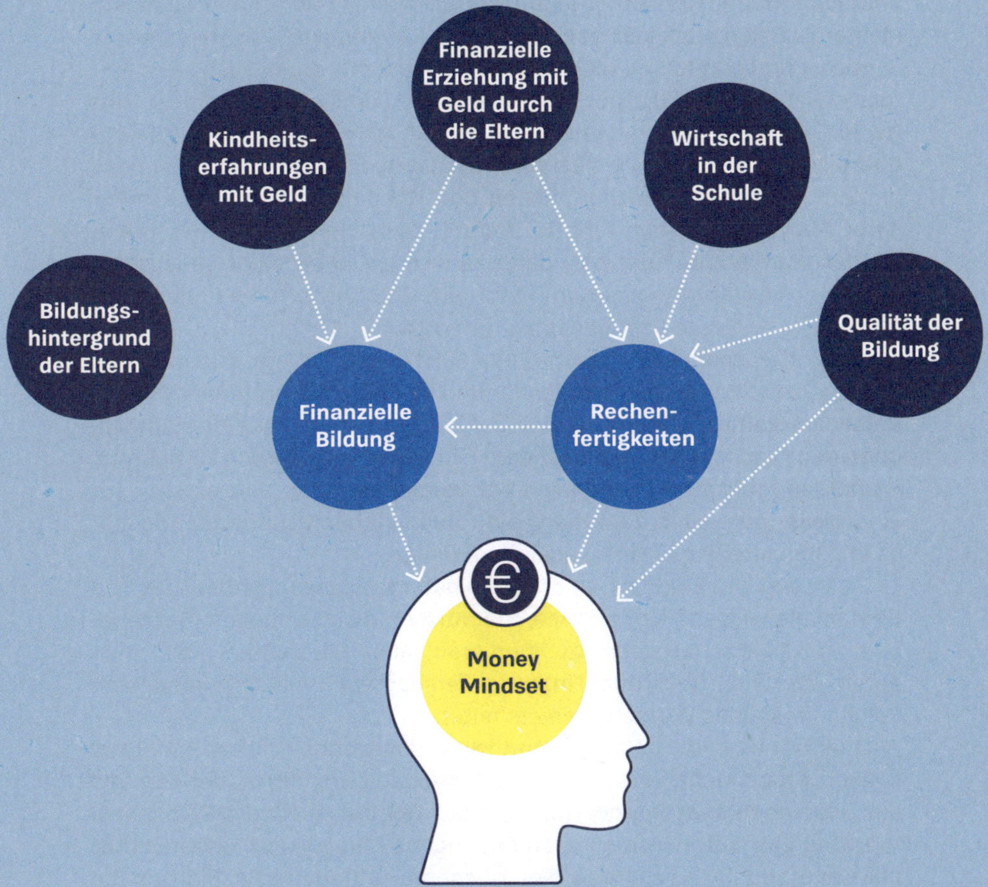

Quelle: Grohmann, Antonia; Menkhoff, Lukas (2015): Schule, Eltern und finanzielle Bildung bestimmen das Finanzverhalten. In: Baake, Pio et al. (Hrsg.): DIW Wochenbericht 28, Berlin, S. 659. Eigene Bearbeitung

sehr sparsam erzogen wurden und fast schon Probleme mit jeglichem Geldausgeben haben, obwohl Sie es sich eigentlich leisten könnten? Vielleicht gehören Sie aber zu der Hälfte der Bevölkerung, die mit einem vergleichsweise niedrigen Gehalt im Monat auskommen muss. Kein einfaches Unterfangen, vor allem in den Großstädten.

Die Entdeckungsreise zum eigenen „Geld-Verhältnis" oder neudeutsch Money Mindset ist jedenfalls für alle hilfreich – denn dadurch können Sie sich auch klarmachen, welche Geld-Werte Sie Ihren Kindern vermitteln möchten. Schließlich ist nichts verkehrt daran, sich auch einmal etwas Schönes zu gönnen, sofern die Familie dauerhaft im Plus wirtschaftet. Und wenn das Geld knapp ist, ist es besser, sich darüber Gedanken zu machen, wie sich die Situation verbessern ließe – und den Kindern nichts vorzumachen. Reden und Handeln sollten übereinstimmen: Wenn man seinen Kindern vorlebt, dass man sich immer gönnt, worauf man gerade Lust hat, dann kann man ihnen nicht gleichzeitig predigen, sie müssten sparsam mit ihrem Geld umgehen – unabhängig davon, wie hoch das Familieneinkommen ist.

Wenn Sie sparsam wirtschaften, dürfte das für Sie ohnehin kein Problem sein. Wenn Sie aber den Eindruck haben, Sie hätten hier Nachholbedarf, kommen Monat für Monat nur so gerade über die Runden, ohne den Dispositionskredit auf dem Girokonto in Anspruch zu nehmen – und das, obwohl Sie eigentlich gut verdienen, dann hilft es sehr, für eine Weile (oder auch dauerhaft) ein Haushaltsbuch zu führen. Die gibt es in guter, alter Papierform, aber auch online.

Sie haben den Eindruck, dass Sie selbst noch zu wenig über Geld und Geldanlage wissen? Keine Sorge, Sie müssen nicht anfangen, Betriebs- oder Volkswirtschaftslehre zu studieren, aber Sie sollten sich einen guten Überblick über Ihre Finanzen verschaffen und die wichtigsten Regeln für solides Wirtschaften einhalten.

Oder um es in den Worten von Investorenlegende Warren Buffett zu sagen: „Spare nicht, was nach dem Ausgeben übrig bleibt, sondern gib aus, was nach dem Sparen übrig bleibt." Denn was für die Geldanlage fürs Kind gilt, trifft natürlich auch fürs eigene Anlegen zu: Terrassenmodell der Geldanlage beachten, Notfallreserve aufbauen usw. Blättern Sie dazu noch einmal zurück ab Seite 11. Aber auch mit der Lektüre anderer Bücher von Stiftung Warentest und Verbraucherzentralen, die komplett unabhängig von Interessen von Finanzdienstleistern sind, legen Sie den Grundstein für ein solides Wissen zur Gestaltung Ihrer privaten Finanzen und der Ihrer Kinder.

„Man kann nicht nicht kommunizieren"

Eltern sollten die Chance für gute Geldgespräche mit ihren Kindern nutzen: „Man kann nicht nicht kommunizieren, denn jede Kommunikation (nicht nur mit Worten) ist Verhalten, und genauso, wie man sich nicht nicht verhalten kann, kann man nicht nicht kommunizieren", sagte bereits Paul Watzlawick, der österreichisch-US-amerikanische Kommunikationswissenschaftler, Psychoanalytiker und Philosoph.

Wie wir bereits gehört haben, wird der Umgang mit Geld stark durchs Elternhaus geprägt, egal, ob über Geld offen gesprochen wird oder nicht. Wenn Ihnen daran gelegen ist, dass Ihre Kinder zu mündigen und bewussten Konsumenten und Anlegerinnen, Arbeitnehmern oder Unternehmerinnen heranwachsen, dann können Sie von Anfang an die Weichen dafür stellen. Dabei geht es nicht um „Finanzunterricht" im engeren Sinne, sondern darum, Gelegenheiten für altersgerechte „Geldgespräche" zu nutzen. Hauptsache, man kommt ins Gespräch und nutzt die natürliche Neugier der Kinder, um beiläufig Wissen zu vermitteln.

Doch wie führt man als Eltern oder Großeltern nun solche Geldgespräche? Vor allem, wenn das Kind zu einem Thema eine Frage stellt – siehe das eingangs geschilderte Beispiel zum Geldautomaten. Oder beim Einkaufen, wenn ein Kind hinterfragt, warum man Butter A und nicht Butter B kauft. Dann kann man dem Kind zum Beispiel erklären, dass Butter A günstiger ist, aber genauso gut schmeckt wie Butter B. Oder wenn das Kind fragt, was Mama oder Papa eigentlich den ganzen Tag im Homeoffice oder im Büro so machen. Wenn man etwas darüber nachdenkt, gibt es sehr häufig Gesprächsanlässe.

Es gibt natürlich auch Fragen, die Eltern auf dem falschen Fuß erwischen – zum Beispiel: „Mama, sind wir eigentlich reich?" Oder umgekehrt: „Sind wir eigentlich arm?" Sie haben Sorge, eine falsche Antwort zu geben, oder die Frage überfordert Sie im ersten Moment? Dann stellen Sie eine Gegenfrage – denn gerade bei solchen Fragen ist es besonders spannend, herauszufinden, wieso diese Frage das Kind gerade interessiert, eventuell hat es eine tieferliegende Sorge, die es beschäftigt. Dann können Sie auf die Sorge eingehen und dann – mit etwas Zeit zum Nachdenken – die heikle Frage so gut es geht beantworten.

Bei solchen Geldgesprächen über die Kinder- und Jugendzeit hinweg sollte nicht nur die Ausgabenseite eine Rolle spielen. Denn bekanntlich kann man auf längere Sicht nur das ausgeben, was man verdient oder auf der hohen Kante hat. Daher sind Erziehende gut beraten, mit ihren Kindern frühzeitig darüber zu sprechen, wie die Familie eigentlich zu Geld kommt, welcher Arbeit die Eltern und Großeltern nachgehen und dass sie dafür Geld erhalten. Im Teenager-Alter wird dann die spätere Berufswahl immer wichtiger – auch die Themen berufliche Selbstständigkeit und Unternehmertum sollten dabei eine Rolle spielen. Sofern die Eltern als Angestellte beschäftigt sind, aber einen Selbstständigen oder eine Unternehmerin kennen, könnten sie vielleicht ein „Geldgespräch" der beiden organisieren.

Es ergibt Sinn, seinen Kindern zu vermitteln, dass es fürs eigene Lebensglück wichtig ist, wenn man seinem Beruf prinzipiell mit Freude nachgeht, auch wenn der Job natürlich nicht zu jeder Zeit Spaß macht. Doch auch ökonomische Aspekte sollte man mitbedenken: Denn nur, wenn man sich in einem Beruf dauerhaft vernünftig bezahlt fühlt, wird man längerfristig zufrieden sein. Berät man seine Teenager zu ihrer Berufswahl, sollte man daher die künftigen Verdienstmöglichkeiten nicht ausblenden. Alles andere wäre – leider – naiv.

„Hilf mir, es selbst zu tun" – und bleibe geduldig

„Hilf mir, es selbst zu tun. Zeige mir, wie es geht. Tu es nicht für mich. Ich kann und will es allein tun. Hab Geduld, meine Wege zu begreifen. Sie sind vielleicht länger, vielleicht brauche ich mehr Zeit, weil ich mehrere Versuche machen will. Mute mir Fehler und Anstrengung zu, denn daraus kann ich lernen." So lautete das Erziehungs-Credo der bekannten Pädagogin Maria Montessori. Es lässt sich wunderbar auch darauf anwenden, wie Eltern ihren Kindern Finanzwissen beibringen können, wenn sie dabei altersgerecht vorgehen.

Denn Geld ist häufig etwas Abstraktes – Überweisungen auf ein anderes Konto, Käufe von Wertpapieren lassen sich bekanntlich nicht anfassen. Solche Vorgänge im wahrsten Sinne des Wortes „begreifbar" zu machen, gelingt aber, wenn man die abstrakten Vorgänge für Kinder in ihre eigene Lebenswelt übersetzt. Kinder profitieren ungemein davon, wenn ihre Eltern und Großeltern oder auch andere Familienmitglieder ihnen bewusst, behutsam, beiläufig, aber beständig die Mechanismen von Geld und Wohlstand nahebringen.

Eltern, die sich ihres eigenen Verhältnisses zu Geld bewusst sind, sollten neben altersgerechten Gesprächen zum Thema Geld ihre Kinder möglichst viele praktische Erfahrungen damit sammeln lassen. Ganz zentrale Bedeutung kommt in diesem Zusammenhang dem Taschengeld zu. Dazu gleich mehr auf den folgenden Seiten. Wichtig ist es, geduldig zu bleiben, denn Ihr Kind wird aus Ihrer Sicht Fehler damit machen – und das ist auch gut so, denn aus Fehlern kann es Wichtiges für später lernen.

Das Taschengeld zum Üben

Kinder sollten frühzeitig eigene Erfahrungen mit Geld sammeln. Taschengeld ist dafür das ideale Übungsfeld. Ab dem Teenager-Alter sollte es aufs eigene Girokonto fließen.

Taschengeld sollte idealerweise ab dem späten Kindergartenalter gezahlt werden – erst wöchentlich, später monatlich und die ersten Jahre auf jeden Fall als Bargeld. Es ermöglicht schon jüngeren Kindern, durch Learning by Doing eigene Erfahrungen mit Geld zu sammeln. So gewinnen sie Schritt für Schritt mehr finanzielle Selbstständigkeit. Folgende Regeln fürs Taschengeld sollten Eltern beherzigen:

Regelmäßig: Taschengeld sollten Sie regelmäßig auszahlen, Ihre Kinder sollten sich darauf verlassen können.

Altersangemessen: Viele Eltern fragen sich, wie hoch das Taschengeld sein sollte. Verbindliche Vorschriften gibt es nicht. Bewährt hat sich die Altersstaffelung des Deutschen Jugendinstituts (siehe Grafik Seite 141). Dabei gilt, je älter das Kind, desto höher fällt das Taschengeld aus.

Der familiären Situation angemessen: In Familien, in denen das Budget eng ist, kann das Taschengeld etwas geringer ausfallen – Hauptsache, die Kinder bekommen überhaupt Gelegenheit, im Kleinen, aber ganz selbstständig Geldausgeben und Sparen zu üben.

Ehrlich bleiben: Ein alleinerziehender Vater kann seinen zwei Kindern eventuell weniger zahlen als ein Doppelverdiener-Elternpaar seinem Einzelkind. Hauptsache ist, Sie bleiben mit dem Kind im Gespräch und sorgen bei ihm für Verständnis für die Situation.

Bedingungslos: Bei schlechten Noten kein Taschengeld? Auf keinen Fall! „Taschengeld sollte stets bedingungslos gezahlt werden und nicht als Belohnung von Wohlverhalten, Letzteres wäre schlecht für die Motivation von Kindern", sagt Carmela Aprea von der Universität Mannheim.

Zur freien Verfügung: Mit seinem Taschengeld sollte Ihr Kind machen können, was es will – egal, was Sie davon halten, wenn es das Geld für Süßigkeiten oder ein Billigspielzeug, das bald kaputt sein wird, ausgibt. Es lernt, eigene Finanzentscheidungen zu treffen und dafür Verantwortung zu übernehmen – und lernt aus Fehlern.

Konsequent bleiben: Ihr Kind kommt mit seinem Geld nicht aus, aber will sich einen weiteren Wunsch erfüllen? Dann lassen Sie es jetzt die wertvolle Erfahrung machen, dass Geld nicht unbegrenzt zur Verfügung steht – und es lernen muss, sich sein Geld einzuteilen. Bleiben Sie konsequent und geben Sie keinen Vorschuss oder Kredit.

DER TASCHENGELDPARAGRAF. Paragraf 110 des Bürgerlichen Gesetzbuchs regelt, dass Kinder, die beschränkt geschäftsfähig sind (7 bis 17 Jahre alt) mit ihrem Taschengeld beziehungsweise „eigenen Mitteln", die sie vorher zur freien Verwendung bekommen haben, eigenständig Dinge kaufen dürfen – egal, ob es sich um Kaugummis für 70 Cent oder um ein Paar Turnschuhe für 170 Euro handelt. Die Erlaubnis der Eltern brauchen sie dafür nicht.

Anregungen für ältere Kinder

Ihr Kind ist bereits im Teenager-Alter? Spätestens dann, eventuell schon etwas früher, je nach Reife des Kindes, sollte das Taschengeld nicht mehr bar, sondern per Überweisung aufs eigene Konto des oder der Jugendlichen ausgezahlt werden. Denn so können die Heranwachsenden ihre ersten Erfahrungen mit Kontoführung und bargeldlosem Bezahlen mit der Girocard sammeln.

Den idealen Zeitpunkt für das erste Girokonto gibt es nicht, aber spätestens, wenn Jugendliche mit Ferienjobs anfangen, brauchen sie eines. Wie geschildert, können Kinder- und Jugendgirokonten schon früh im Leben eröffnet und kostenlos geführt werden. Häufig sind Beträge bis 500 oder 1000 Euro auf diesen Konten vergleichsweise passabel verzinst. Mehr Geld sollte aber nicht darauf liegen (siehe Seite 151).

JOBBEN: Sparen noch schulpflichtige Teenies für eine größere Investition wie den Führerschein, bietet sich Jobben an – wenn die Erziehungsberechtigten einverstanden sind.

Taschengeld: Einfach trainieren!

„Aus Fehlern wird man klüger." Das gilt auch bei der Gelderziehung. Kinder sollten ab einem bestimmten Alter ein Taschengeld zur freien Verfügung erhalten. So sammeln sie erste eigene Erfahrungen. Ab dem späteren Teenageralter ist zusätzlich ein Budgetgeld sinnvoll. Wie die Zahlungen in welchem Lebensjahr ausfallen könnten, dazu gibt es Empfehlungen des Deutschen Jugendinstituts e. V.

Empfehlungen zum Taschengeld 2024

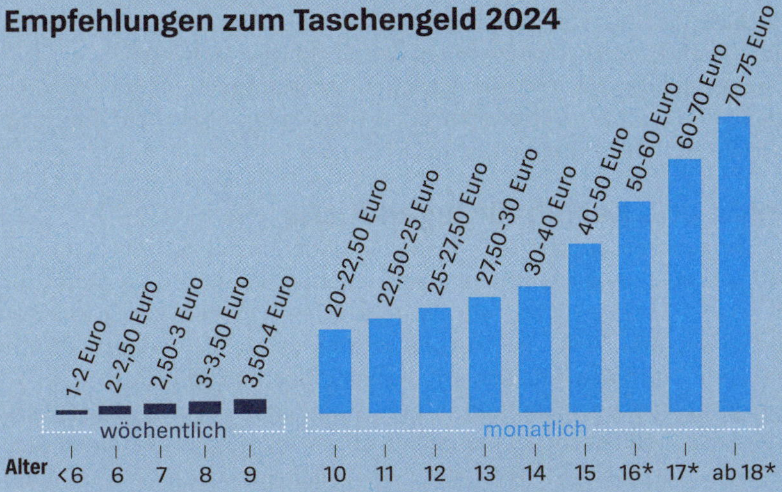

*ab 16 Jahren für Jugendliche, die wirtschaftlich ganz von den Eltern abhängig sind (z. B. Schüler/-innen)

Empfehlungen zum Budgetgeld 2024

Empfehlungen des Deutschen Jugendinstituts von 2024 (Expertise Taschengeld und Gelderziehung, Langmeyer & Winklhofer, 2014), angepasst auf Basis der kumulierten Inflationsraten von 2014–2023

Dabei sind die strengen Regelungen des Kinder- und Jugendschutzes zu beachten. Denn der „Job" der Teenies besteht ja darin, die Schule erfolgreich abzuschließen; die Ferien dienen zur Erholung. Arbeitgeber dürfen Schülerinnen und Schüler ab einem Alter von 15 Jahren in den Ferien für höchstens vier Wochen maximal 40 Stunden pro Woche beschäftigen, verteilt auf fünf Wochentage. Wochenenden und Feiertage bleiben frei.

Weitere Detailregeln zu den erlaubten Arbeitsstunden und Pausen sind zu beachten. Für Branchen wie Gastronomie, Altenpflege und Landwirtschaft gibt es aber Ausnahmen, hier darf zum Beispiel auch am Wochenende und zu abweichenden Zeiten gearbeitet werden.

Der gesetzliche Mindestlohn gilt nur für volljährige Aushilfen. Minderjährige Ferienjobber sollten aber auf einem fairen Lohn bestehen und diesen im Arbeitsvertrag festschreiben lassen.

Konten und Karten für Jugendliche

Bei Jugendkonten besteht kein Risiko, ins Minus zu rutschen, denn sie funktionieren nur auf Guthabenbasis. Teenies können also stets nur über so viel Geld verfügen, wie sie darauf liegen haben. Unter test.de/jugendgirokonten (Abruf ist kostenpflichtig) lassen sich knapp 200 Jugendkonten nach individuellen Kriterien und nach Region filtern.

Einige Jugendkonten enthalten eine kostenlose Prepaid-Kreditkarte. Mit Prepaid-Kreditkarten kann man nur so viel ausgeben, wie vorher aufgeladen wurde. Geht Ihr Teenager zum Beispiel auf Sprachreise, dann sind solche Karten gut geeignet, da Weltenbummler damit zumeist günstiger Geld abheben und im Handel zahlen können als mit der Girocard. Geht das Geld zur Neige, können Eltern notfalls Geld von zu Hause aus aufladen. Mit Prepaid-Kreditkarten können Jugendliche darüber hinaus erste Erfahrungen im Online-Shopping machen. Denn Rechnungskäufe und das Bezahlsystem Paypal können nur Volljährige nutzen.

Mit zunehmendem Alter sind Jugendliche in der Lage, auch größere Budgets selbst zu managen: Ab etwa 14 Jahren – je nach Reife des Kindes – können Sie ihm daher zusätzlich zum Taschengeld ein sogenanntes Budgetgeld auszahlen. Anders als das Taschengeld ist es zweckgebunden und beispielsweise für Kleidung, Schulmaterial oder das Essen außer Haus und so fort gedacht.

Sie können etwa damit starten, zunächst ein Budget auszuzahlen und den Teenager damit seine Erfahrungen sammeln zu lassen. Wenn es mit einem Budget dann gut klappt, können Sie dem Kind die Verantwortung für weitere Budgets übergeben. Den Überblick über ihre Finanzen behalten Jugendliche dann am besten, wenn auch sie ihre Einnahmen und Ausgaben tracken. Dabei helfen jugendgerechte Finanz-Apps wie zum Beispiel „Finanzchecker" der Sparkassen-Finanzgruppe. Viele Banken ergänzen ihre Banking-Apps um eine Budgetplan-Funktion, mit deren Hilfe sich Einnahmen und Ausgaben sortieren lassen. Oder Sie leiten Ihr Kind an, ein Haushaltsbuch zu führen und Einnahmen und Ausgaben akribisch aufzulisten. Sie gibt es – ganz nach Vorliebe – auf gutem, altem Papier oder App-basiert.

KINDERGELD AUSZAHLEN: Sie als Eltern sind in der glücklichen Lage, dass Sie nicht auf die 250 Euro Kindergeld monatlich (Stand: 2024) angewiesen sind? Und Ihr Kind zeigt schon größere finanzielle Reife? Dann können Sie das Experiment wagen, Ihrem Kind das komplette Kindergeld als Taschen- und Budgetgeld auszuzahlen.

Legen Sie aber vorher genau fest, was Sie als Eltern noch darüber hinaus bezahlen und was nicht (zum Beispiel das nötige Paar Winterstiefel, aber nicht die Trend-Sneaker, die purer Luxus wären).

Jugendliche zum Sparen und Spenden anleiten

Wenn Ihr Teenie mit seinem Taschengeld gut klarkommt, kann er mit planvollerem Sparen und Einteilen von Geld beginnen. Sie als Eltern erinnern sich vielleicht: Fast jeder hatte in seiner Jugend den Wunsch nach etwas, das „alle anderen" hatten, man selbst aber nicht bekam. Auch Ihr Kind hat vielleicht einen Wunsch, bei dem Sie hart bleiben, weil er Luxus ist. Warum aber nicht solch einen Wunsch dafür nutzen, um das Kind zum Sparen zu motivieren? „Spar-Challenges", für die es im Internet diverse Vorlagen gibt, können dafür ein guter Einstieg sein.

Sie können dafür mit Ihrem Kind mehrere Schweinchen oder Gläser aufstellen und sie schön beschriften, zum Beispiel mit „Ausgeben", „Sneaker" (oder was der Wunsch des Kindes ist) und „Sparen allgemein". Dann überlegen Sie sich gemeinsam, wie das Taschengeld jeden Monat auf die drei Schweinchen oder Gläser aufgeteilt werden könnte.

Sie können mit Ihrem Kind das Ganze auch noch um ein viertes Glas „Spenden" erweitern. Schließlich sind Kinder und Jugendliche häufig besonders sensibel für Ungerechtigkeiten auf der Welt – und entwickeln früh ein Interesse daran, anderen, denen es nicht so gut geht wie ihnen, zu helfen. Entwickelt Ihr Kind hier ein bestimmtes Interesse, können Sie mit ihm oder ihr darüber sprechen, wofür es sich eventuell zu spenden lohnen würde – wieder ein schöner Anlass für ein Geldgespräch.

So gelingt die Finanzbildung fürs Kind

Einen offiziellen Kanon der Finanzbildung, was ein Kind wann wissen sollte, gibt es freilich nicht. Mit diesen konkreten Tipps nach Altersgruppen machen Sie Ihr Kind finanzkompetent.

Sie lassen Ihre Kinder die Sonntagsbrötchen kaufen und zählen mit ihnen das Wechselgeld nach? Dann schulen Sie nicht nur ihre Selbstständigkeit, sondern nebenbei auch das Zahlenverständnis und damit die späteren mathematischen Fähigkeiten.

Im Abschlussteil dieses Kapitels finden Sie eine – freilich keinesfalls abschließende – Auflistung möglicher Gesprächsanlässe für Finanzbildung und konkrete Tipps und Hinweise, Ihrem Kind beiläufig Finanzwissen beizubringen. Basierend auf den Werten Ihrer Familie können Sie Ihren Heranwachsenden dabei helfen, informierte Entscheidungen zu treffen in den wichtigen Dimensionen Verdienen, Sparen, Investieren, Ausgeben, auch in puncto Beschützen, Teilen und Leihen.

Kindergartenkinder: Den Wert von Geld vermitteln

Kleine Kinder haben Spaß daran, Einkaufen zu spielen. Eltern können ihnen beim Kaufmannsladen-Spielen beiläufig klarmachen, dass man beim Einkaufen Geld gegen Waren tauscht, dass Waren unterschiedlich teuer sind – und dass man manchmal nicht genug Geld hat, um alles zu kaufen, was man möchte. Kinder begreifen so, dass Geld zuallererst ein Tauschmittel ist, und manche lernen dabei auch spielerisch die Zahlen.

Das Gespielte können Sie dann beim „echten Einkaufen" in die Tat umsetzen. Lassen Sie Ihr (älteres) Kindergartenkind im Supermarkt erste Waren suchen und bringen. Vielleicht kann es kleinere Einkäufe selbst tätigen. Zählen Sie mit dem Kind das Wechselgeld.

Es gibt schöne Kinderbücher, zum Beispiel aus der Reihe „Wieso? Weshalb? Warum?", die sich an jüngere oder auch etwas ältere Kinder richten und viele Fragen rund ums Thema Geld beantworten. Auch bei der „Sendung mit der Maus" gibt es gut gemachte Videos zum Thema. Ihr Kind wird gewiss weitere eigene Fragen auf dem Herzen haben, versuchen Sie so gut es geht auf es einzugehen und zu antworten.

Das Kind findet eine Münze auf der Straße? Allerspätestens jetzt stellen Sie für Ihr Kind ein Sparschwein (oder ein anderes Gefäß, das Ihr Kind selbst ausgesucht hat) auf und bestücken es damit. Sie könnten zum Beispiel mit dem Kind verabreden, dass Sie einmal in der Woche in Ihr Portemonnaie schauen und alle Kupfermünzen darin in sein Sparschwein stecken. Im letzten Kindergartenjahr können Sie wöchentliches Taschengeld auszahlen, Details dazu auf Seite 141.

Auch wenn natürlich langfristig betrachtet reines Kontensparen, wie geschildert, keine rentierliche Geldanlage ist, kann der alljährlich Ende Oktober stattfindende Weltspartag ein guter Anlass sein, mit dem Kind eine Bankfiliale aufzusuchen und die gesammelten Münzen auf ein – verzinstes – Kindergirokonto einzuzahlen. Eingefleischte Direktbankkunden könnten über ihren Schatten springen und zumindest für das erste Lebensjahrzehnt des Kindes ein solches Filialkonto unterhalten. Beim jährlichen Blick aufs Konto können die Kinder auch die erste Lektion in Sachen Zins und Zinseszins lernen, da sie sehen können, dass nach einem Jahr Warten etwas mehr Geld auf dem Konto liegt. So ganz nebenbei lernt man auch, dass sich zwischenzeitlicher Verzicht und Wartenkönnen später auszahlen.

Grundschulalter: Basics zu Budget, Sparen, Konsum

Ideal vor allem für jüngere Kinder im Grundschulalter ist das gemeinsame Einkaufen. Dabei kann man zusammen Preise vergleichen und mit dem Kind beiläufig besprechen, warum man was kauft. Warum greift man bei einer Produktkategorie zum günstigsten, bei einer anderen zum teureren Markenprodukt? Welchen Wert misst man den Dingen bei?

Sie können Ihrem Kind vermitteln, dass Sie sich zum Beispiel für einen Wocheneinkauf ein bestimmtes Budget setzen. Dafür schauen Sie nach Sonderangeboten, kaufen aber im Rahmen des Budgets auch das ein oder andere Besondere, was es nicht jeden Tag gibt. Ganz nebenbei vermitteln Sie dabei auch, dass man sich in der Familie nur etwas kauft, das man sich auch leisten kann.

Machen Sie Ihr Kind auch mit dem Thema Inflation vertraut. „Die Inflation lässt sich zum Beispiel sehr gut am Preis für eine Kugel Eis erklären", empfiehlt die unabhängige Finanzplanerin Stefanie Kühn aus Westerstede. In den vergangenen Jahren wurden Eiskugeln von Jahr zu Jahr teurer – und der Preis von Eiskugeln ist für Kinder natürlich nicht nur besonders interessant, sondern lässt sich auch gut vergleichen. Spielen Sie „Monopoly" oder „Spiel des Lebens". Klar werden hier auch Stereotypen vermittelt (der Arzt verdient mehr als der Videospieldesigner), aber

Drei Fragen an
Prof. Dr. Carmela Aprea

Carmela Aprea ist Inhaberin des Lehrstuhls für Wirtschaftspädagogik – Design und Evaluation instruktionaler Systeme an der Fakultät für Betriebswirtschaftslehre der Universität Mannheim. Sie ist zudem Direktorin des Mannheim Institute for Financial Education (MIFE). Wir sprachen mit ihr über wichtige Tipps für Eltern – vor allem mit Blick aufs Taschengeld.

1 **Frau Aprea, viele Eltern fragen sich, was sie für die Finanzbildung ihrer Kinder tun können. Was wären Ihre wichtigsten Ratschläge?** Regelmäßigem Taschengeld kommt eine zentrale Rolle zu. Es gehört in altersangemessener Höhe regelmäßig ausgezahlt. Wie viel die Eltern zahlen können, hängt natürlich von der finanziellen Situation der Familie ab. Vor allem finde ich es wichtig, dass das Taschengeld nicht von Wohlverhalten oder guten Noten des Kindes abhängig sein darf, weil das nicht gut für seine Motivation wäre. Eltern sollten außerdem ihren Kindern ermöglichen, Fehler mit ihrem Taschengeld zu machen. Wenn das Kind schnell alles für Süßigkeiten ausgegeben hat, lernt es daraus ja auch etwas – und wird sich hoffentlich im nächsten Monat schon das Geld besser einteilen.

2 **Manche Eltern könnten jetzt versucht sein, aus Mitleid Geld nachzuschießen. Wäre das eine gute Idee?** Das ist nicht sinnvoll. Eltern sollten verbindlich sein. Wenn zur Monatsmitte kein Taschengeld mehr da ist, ist eben kein Geld mehr da. Andernfalls lernen die Kinder nicht wirklich, mit ihrem Geld vernünftig umzugehen. Es sollte schon eine gewisse Verbindlichkeit in alle Richtungen geben. Eltern kommen nicht umhin, Grenzen zu setzen. Es geht, wie eigentlich immer in der Erziehung, darum, einen guten Mittelweg zu finden und Kindern eine realistische und zugleich bodenständige Beziehung zu Geld zu vermitteln, dass Geld eine bestimmte Ressource ist, aber eben auch nicht alles im Leben.

3 **Wie bekommen Eltern das hin?** Also Reden ist wirklich das Allerwichtigste, und auch schwierige Entscheidungen sollte man kindgerecht erklären. Wenn die Familie in einem Jahr nicht in Urlaub fahren kann, sollte man das auch besprechen und kindgerecht und so anschaulich wie möglich erklären und an der konkreten Lebenswelt der Kinder ansetzen. Bei Geldgesprächen sollte es keine Tabus geben, egal, wie wohlhabend oder arm die Familie ist.

die Information, dass die Berufswahl Bedeutung für die spätere Einkommenssituation hat, kann nicht schaden.

Spätestens jetzt sollte das Kind Taschengeld zur freien Verfügung bekommen. Sprechen Sie mit Ihrem Kind darüber, wie es sich sein Geld einteilen kann – und dann lassen Sie es seine Erfahrungen und Fehler machen und sprechen wieder mit ihm darüber. Ihr Kind möchte einen Vorschuss aufs Taschengeld haben? Bleiben Sie idealerweise hart. Sollten Sie doch einen „Kredit" geben, verlangen Sie „Zinsen".

Besuchen Sie einen Flohmarkt: Hier können Kinder viel lernen: Erstes Verhandeln über Preise, Nachdenken über den Wert von Waren, erste unternehmerische Selbstständigkeit, wenn sie selbst Waren verkaufen.

Es gibt ein Straßenfest in der Nachbarschaft? Ermutigen Sie Ihr Kind, einen Waffelstand oder Ähnliches anzubieten. Ganz nebenbei lernt es, wie man eine solche „unternehmerische Tätigkeit" plant, was dabei alles zu beachten ist – vom Wareneinkauf bis hin zum Setzen des richtigen Verkaufspreises. Oder hat Ihr Kind am Strand Muscheln gesammelt und möchte jetzt neben der Strandbude selbst gebastelte Muschelketten verkaufen? Ermutigen Sie es dazu!

Teenager: Selbstständigkeit und Selbstlosigkeit

Allmählich ist es an der Zeit, Ihr Kind mehr in die finanzielle Selbstständigkeit zu schicken. Wichtig ist nun besonders das Thema Schuldenfalle, in die Heranwachsende leicht geraten können, etwa durch Angebote wie „buy now, pay later" oder In-App-Käufe bei Online-Spielen. Ihrem Kind wird jetzt auch immer stärker die ökonomische Lage der Familie bewusst. Mit Folgendem fördern Sie seine finanzielle Selbstständigkeit:

Suchen Sie mit dem Kind gemeinsam ein Kinder- oder Jugendgirokonto aus und sprechen Sie darüber, warum man sich für das gewählte Angebot entschieden hat und für andere nicht. Richten Sie das Konto gemeinsam ein und machen es startklar.

Zahlen Sie das Taschengeld spätestens ab dem Teenageralter aufs Kindergirokonto aus. Dann kann man Kinder an die Nutzung von Konten sowie ans bargeldlose Bezahlen mit der Girocard heranführen. Mobiles Bezahlen mit dem Handy geht ab 16 Jahren bei Apple Pay, bei Android Pay ab 13 Jahren.

Wird an der Schule Ihres Kindes ein Börsenspiel angeboten? Oder gibt es ein Planspiel Unternehmensgründung? Ermutigen Sie Ihr Kind teilzunehmen! Ausprobieren ist sehr empfehlenswert.

Die Familie plant eine Anschaffung? Auch wenn die Erwachsenen die Entscheidung treffen, lassen Sie ruhig Ihren Teenager altersangemessen an den Überlegungen zur Auswahl teilnehmen. „Überlegen Sie gemeinsam, was Sie wirklich brauchen – und akzeptieren Sie auch, wenn das Kind andere Vorstellungen hat als Sie. Beziehen Sie das Kind altersangemessen in den Entscheidungsprozess mit ein, wenn Sie Angebote einholen", empfiehlt Carmela Aprea.

Machen Sie Ihrem Kind klar, dass es seine Kasse aufbessern kann, wenn es erste kleinere Jobs annimmt, das ist möglich ab einem Alter von 13 Jahren (Babysitten & Co.), Ferienarbeiten geht ab 15 Jahren (mehr dazu auf Seite 142). Das erste selbst verdiente Geld macht stolz – vermutlich können Sie sich selbst noch daran erinnern, was Sie vom ersten eigenen Geld gekauft haben? Außerdem macht Jobben etwas unabhängiger, selbstbestimmter – und schafft erste Einblicke in die echte Berufswelt. Ihr Teenager hat in den Schulferien gearbeitet? Schauen Sie mit ihm seine Lohnabrechnung durch. Das ist ein guter Anlass, um aufs Thema Einkommenssteuer zu sprechen zu kommen.

Ende April eines jeden Jahres findet der Girls' Day / Boys' Day statt – Kinder können für einen Tag in verschiedenste Berufe hineinschnuppern. Bestimmt gibt es auch in Ihrer Gegend spannende Angebote von Unternehmen oder öffentlichen Stellen. Begleiten Sie Ihren Teenager bei der Suche nach einer späteren Ausbildung / einem Studium und einem Beruf. Denn bekanntlich ist die Wahl des passenden Berufs nicht nur ausschlaggebend für die spätere wirtschaftliche Situation, sondern hat auch einen wichtigen Anteil am künftigen Lebensglück. Ermöglichen Sie ihm oder ihr Gespräche mit Erwachsenen aus dem Bekanntenkreis, die andere Berufe als Sie selbst haben.

Warum immer alles neu kaufen, wenn es auch gebraucht geht oder im Outlet günstiger zu haben ist? Nutzen Sie Preisvergleichsportale wie Idealo.de. Ihr Kind steht auf Markenklamotten? Nutzen Sie Gebrauchtplattformen wie Vinted, Mädchenflohmarkt, für Bücher nutzen Sie zum Beispiel medimops. Alles Erdenkliche finden Sie gebraucht auf Ebay Kleinanzeigen etc.

Sie sind auf der Suche nach einer neuen Kfz-Haftpflichtversicherung? Binden Sie Ihren Teenager in die Suche mit ein. Machen Sie ihm oder ihr klar, welche Versicherungen ein Muss sind – etwa besagte Kfz-Haftpflicht – und gegen welche Lebensrisiken man sich möglichst versichern sollte. Mehr Infos zu wichtigen, aber auch unnötigen Versicherungen finden Sie in Kapitel 1.

Sensibilisieren Ihr Kind für den Schutz persönlicher Daten: Angreifer aus dem Netz, aber auch Diebe können Statusnachrichten auf Social Media dafür nutzen, Ihre Familie auszuspähen.

Ihr Kind macht einen Sprachkurs oder geht für ein Schuljahr ins Ausland? Führen Sie es heran an Kreditkarte (Prepaid) und ans Bezahlen in anderen Währungen und damit verbundene Fallen wie der Direct Currency Conversion (Direktumrechnung in Euro). Dabei wird in der Regel ein ungünstiger Wechselkurs zugrunde gelegt. Als Faustregel gilt: immer in Landeswährung mit Karte zahlen und Geld am Automaten ziehen.

Mit Ihrem Teenager können Sie nun auch das Konzept des langfristigen Investierens besprechen. Spielen Sie mit ihm ruhig anhand eines Onlinerechners (zum Beispiel zinsen-berechnen.de oder unter test.de, „Sparrechner") durch, welche Bedeutung der Zinseszinseffekt bei langfristigen Geldanlagen hat. Mehr Infos dazu finden Sie auch auf Seite 7 und 13. Informieren Sie Ihren Teenager, welche Konten, Depots und sonstige Geldanlagen Sie für ihn abgeschlossen haben. Geben Sie ihm oder ihr ruhig Transparenz darüber, wie viel Geld dort liegt – so wecken Sie das Interesse, sich selbst vertieft mit dem Thema zu beschäftigen.

Sie haben den Eindruck, selbst zu wenig über private Finanzen und das langfristige Geldanlegen zu wissen? Machen Sie sich doch gemeinsam mit Ihrem Teenager dazu schlau. So können Sie das gemeinsame „Geldgespräch" am Laufen halten. Machen Sie bei Geldgesprächen bitte keinen Unterschied zwischen Söhnen und Töchtern. Wie zahlreiche Studien zeigen, brauchen vor allem Mädchen Vorbilder in Sachen Finanzen!

Der oder die Jugendliche verfolgt „Finfluencer" auf Youtube oder Instagram? Sprechen Sie darüber und weisen Sie ihn oder sie darauf hin, dass es denen selten an unabhängiger Information, sondern oftmals an Produktverkauf oder dem Verkauf einer eigenen Dienstleistung gelegen ist. Im schlimmsten Fall handelt es sich um Abzocke. Finfluencer spielen eine wachsende Rolle. „Vielen ist ihre soziale Verantwortung nicht immer bewusst. Dabei geht es auch um Lebensstilfragen und unrealistische Inszenierungen des guten Lebens. Gerade im Kryptobereich ist Vorsicht geboten, um nicht Betrügern oder Abzockern auf den Leim zu gehen", gibt Birgit Happel zu bedenken, Referentin für finanzielle Bildung und Finanzcoach und im Vorstand des Vereins Präventionsnetzwerk Finanzkompetenz engagiert.

Hat die Familie monatlich etwas Geld übrig, könnten Sie gemeinsam mit dem oder der Heranwachsenden klären, wohin Sie etwas Geld spenden könnten. Denn die Gesellschaft wird durch ehrenamtliches Engagement und Philanthropie erst lebenswert. Eventuell gibt es ein Hilfsprojekt, das Engagierte aus Ihrer Region komplett ehrenamtlich betreiben? Ansonsten schauen Sie nach Organisationen, die das Spendensiegel des Deutschen Zentralinstituts für soziale Fragen (DZI) tragen.

?!

Service

Girokonten für Kinder: eine Auswahl

Bundesweit erhältliche Konten mit kostenloser Kontoführung und Girocard, Onlinebanking möglich. Beleghafte (Filiale) oder telefonisch erteilte Überweisungen können Kosten verursachen. Die Konditionen der Kontomodelle gelten bis zum 18. Geburtstag, in einigen Fällen weit darüber hinaus. Ab 18 müssen oft Nachweise erbracht werden (Schule, Ausbildung, Studium etc.), damit vergünstigte Konditionen weiterlaufen. Gegen Gebühr gibt es unter test.de/jugendkonten die komplette Übersicht von über 150 kostenlosen Konten für Minderjährige. Tipp: Es lohnt sich auch, bei regional aktiven Sparkassen, Volks-, Raiffeisen-, PSD- und Sparda-Banken nach Angeboten zu fragen. Häufig bieten sie auf Kinderkonten Sonderzinsen (bis zu einer bestimmten Anlagesumme).

Anbieter	Kontomodell	Verzinsung Guthaben (%)	Bis zu max ... Euro	Girocard ab ... Jahre	Wo kann man im Inland kostenlos Geld abheben?
BBBANK	Junges Konto [6)]	0,01	1000	7	An Geldautomaten von Mitgliedsbanken im CashPool [8)], bei vielen Einzelhändlern und 5 x pro Monat an Automaten vieler Volks- und Raiffeisenbanken (Bankcard-Servicenetz).
COMDIRECT	JuniorGiro [1) 7)]	0,75 [2)]	unbegrenzt	7	An Geldautomaten von Mitgliedsbanken der Cash Group [9)], teilnehmenden Shell-Tankstellen und Einzelhändlern, mit der Visa Debitkarte weltweit an Automaten mit Visa-Zeichen.
DEUTSCHE BANK	Das Junge Konto [7)]	0,01	unbegrenzt	7	An Geldautomaten von Mitgliedsbanken der Cash Group [9)], teilnehmenden Shell-Tankstellen und Einzelhändlern.
KREISSPARKASSE HEILBRONN	Jugendgirokonto [6)]	1,00	1000	7	An allen Sparkassen-Geldautomaten (Sparkassen-Finanzgruppe) und bei vielen Einzelhändlern.
PSD BANK NÜRNBERG	Jugend-Giro [3) 6)]	2,00 [4)]	1500	7	An Geldautomaten vieler Volks- und Raiffeisenbanken 13 x pro Quartal (Bankcard Servicenetz).
SPARDA-BANK WEST	Sparda-Young+ [7)]	0,80	unbegrenzt	7	An Geldautomaten von Mitgliedsbanken im CashPool [8)] und bei vielen Einzelhändlern.
VOLKSBANK EG – DIE GESTALTERBANK	Mein-Konto [5) 6)]	0,50	500	0	An Geldautomaten vieler Volks- und Raiffeisenbanken (Bankcard Servicenetz).
VR BANK NIEDERBAYERN-OBERPFALZ	MeinGiro [6)]	0,50	1000	0	An Geldautomaten vieler Volks- und Raiffeisenbanken (Bankcard Servicenetz).

Stand: 1. Juli 2024

1) Girocard optional. Ab 7 Jahren kostenlose Visa-Debitkarte zusätzlich möglich. 2) Für das Guthaben auf dem dazugehörigen Tagesgeldkonto.
3) Bundesweit angeboten bei Online-Kontoführung. 4) Die Verzinsung für das Kontoguthaben erfolgt nur bis zu einem Alter des Kontoinhabers von 9 Jahren.
5) Voraussetzung für die Kontoeröffnung ist der einmalige Kauf eines Genossenschaftsanteils in Höhe von 50 Euro. 6) Mindestalter: ab 0. 7) Mindestalter: ab 7.
8) CashPool: cashpool.de: Zu den CashPool-Banken gehören zum Beispiel die Targobank, die National-Bank und die Santander Consumer Bank.
9) Cash Group: cashgroup.de: Zu den Cash Group-Banken gehören zum Beispiel die Commerzbank, die Deutsche Bank, die Hypovereinsbank und die Postbank.

Wertpapierdepots für Minderjährige

Null Euro – bei den günstigsten Anbietern von Depots für Kinder und Jugendliche sind nicht nur die ETF-Sparpläne für den Vermögensaufbau kostenlos, auch die Depotführung ist umsonst. Eltern sollten allerdings auch die Mindestsparraten im Blick haben.

Anbieter	Depot	Depoteröffnung per Videoident möglich
Onlinedepots bei Fondsbanken - Eröffnung nur in Verbindung mit Fondsvermittlern (Übersicht unter test.de/fondsvermittler)		
Morgenfund	Depot Kids	□
Ebase	Depot 4kids	□
FIL Fondsbank	Fondsdepot Junior	■
Fondsdepot Bank	Fondsdepot Online für Minderjährige	■
Depots bei Filialbanken		
Targobank	Junior-Depot	■
Santander Consumer Bank	Wertpapierdepot	■
Commerzbank	Startdepot [4)]	□
Onlinedepots bei Direktbanken		
Flatex	Depot	□
ING	Direkt-Depot Junior	■
Finvesto	Depot U18	■
Deutsche Bank Maxblue	Maxblue Depot	□
Comdirect	Juniordepot [6)]	□
Hypovereinsbank	Starterdepot	□
Consorsbank	Junior-Depot	■
Postbank	Wertpapierdepot	□
Geno Broker	Genoplan Depot [6)]	□
S Broker	Minderjährigendepot	■
1822direkt	1822direkt-Aktiv-Depot	■
DKB	Depot u18	□

■ = Ja. □ = Nein.
Weiß markiert sind Depots mit jährlichen Kosten von unter 10 Euro für einen 50-Euro-Sparplan.
1) Zuzüglich Depotverwahrungskosten von 0,1 Prozent des Depotwerts pro Jahr. 2) Zusätzlich zum Transaktionsentgelt von 0,20 Prozent berücksichtigen wir ein Entgelt von durchschnittlich 0,21 Prozent für die Fondsgesellschaft beziehungsweise Abwicklungsstelle der Bank Dieser Durchschnittswert ist eine eigene Berechnung der Stiftung Warentest und variiert.

Kleinste Sparplanrate (Euro)	Reguläre Kosten pro Sparplanausführung (Euro oder Prozent)	Gesamtkosten pro Jahr bei Sparplanrate von 50 Euro monatlich (Euro)
1	0 Euro	0,00
10	0,20 %	1,20
25	0,20 %	1,20 [1]
25	0,41 % [2]	2,46
50 [3]	0,00 %	0,00
25	0,85 Euro	10,20
25	2,50 Euro + 0,50 %	33,00
25	0 Euro	0,00
1	0 Euro	0,00
[5]	0,20 %	1,20
25	1,25 %	7,50
25	1,50 %	9,00
25	1,50 %	9,00 [7]
10	1,50 %	9,00
25	0,90 Euro	10,80
10	0,95 Euro	11,40
20	2,50 %	15,00
25	1,50 % (mind. 1,50 Euro max. 14,90 Euro)	18,00
50	1,50 Euro	18,00

[3] Der Kunde muss anstelle einer Sparrate eine Stückzahl des gewünschten ETF wählen. Am Ausführungstag wird die Stückzahl ETF gekauft, für die das vorhandene Guthaben ausreicht. [4] Ab 20 000 Euro Depotwert fallen Kosten von 0,25 Prozent des Depotwertes an. [5] Sparplan ab 1 Cent Sparrate möglich. [6] Bei Depots ohne aktiven Sparplan wird ein Depotpreis berechnet. [7] Preis gilt für Onlineabschluss, bei Filialabschluss 12 Euro.
Stand: 1. Juli 2023

Diese Aktien-ETF sind erste Wahl

Für das Kinderdepot können Sie jeden ETF aus der Tabelle wählen, Finanztest bewertet alle als 1. Wahl-ETF. Wenn Sie einen Sparplan starten wollen, sollten Sie prüfen, welchen ETF der gewählte Onlinebroker ohne Handelskosten anbietet.

Index	Anbieter	Isin	Kosten (%)	Rendite über ... Jahre (% p.a.) 5	1	Nachhaltigkeit[1)]
Aktien-ETF Welt						
FTSE Developed	Vanguard	IE00BK5BQV03	0,12		21,8	
MSCI World	SPDR	IE00BFY0GT14	0,12	13,2	22,3	
MSCI World	iShares	IE00B4L5Y983	0,2	13,1	22,1	
MSCI World	Xtrackers	IE00BJ0KDQ92	0,2	13,1	22,1	
MSCI World	UBS	IE00BD4TXV59	0,1	13,0	22,1	
MSCI World	HSBC	IE000UQND7H4	0,15		22,1	
MSCI World	Amundi	IE000BI8OT95	0,12			
Solactive GBS Developed Markets Large & Mid Cap	Amundi	LU2089238203	0,05		22,2	
Aktien-ETF Welt inklusive Emerging Markets						
FTSE All-World	Vanguard	IE00BK5BQT80	0,22		20,9	
MSCI ACWI Investable Market (IMI)	SPDR	IE00B3YLTY66	0,17	11,6	19,9	
MSCI All Country World (ACWI)	iShares	IE00B6R52259	0,2	12,0	21,2	
MSCI All Country World (ACWI)	SPDR	IE00B44Z5B48	0,4	11,8	21,0	
Nachhaltige Aktien-ETF Welt						
MSCI World SRI Filtered PAB	Amundi	IE000Y77LGG9	0,18			3 Punkte
MSCI World SRI Low Carbon Select 5% Issuer Capped	UBS	IE00BK72HJ67	0,2		21,0	3 Punkte
MSCI World SRI S-Series PAB 5% Capped	BNP Easy	LU1291108642	0,25	11,9	10,8	3 Punkte
MSCI World SRI Select Reduced Fossil Fuels	iShares	IE00BYX2JD69	0,2	13,0	14,9	3 Punkte
Nachhaltige Aktien-ETF Welt inklusive Emerging Markets						
MSCI ACWI SRI Low Carbon Select 5% Issuer Capped	UBS	IE00BDR55471	0,3		21,3	3 Punkte

1) Finanztest bewertet die Nachhaltigkeit von Fonds. Je mehr Punkte ein ETF hat, desto nachhaltiger ist er. Die Höchstpunktzahl ist 5 Punkte.
Auswahl: Thesaurierende 1.-Wahl-ETF mit guter Handelbarkeit. Reihenfolge nach Indexnamen, Rendite und Kosten.
Quelle: FWW, eigene Analysen. Stand: 30. Juni 2024.

Aktienindizes erklärt

Jeder Index unterscheidet sich vom anderen, manchmal nur wenig, manchmal deutlich.

FTSE Developed Hinter dem Index stecken 2100 Aktien (große und mittelgroße Firmen) aus 25 Industrieländern. Berechnet wird der Index von FTSE, einer Tochter der Börse London. USA dominiert mit 70 Prozent Anteil am Index, Schwergewichte sind Microsoft, Apple und Nvidia.
MSCI World Der bekannteste globale Aktienindex bildet mehr als 1400 Aktien ab. Dabei handelt es sich um große und mittelgroße Firmen aus 23 entwickelten Ländern. Wie beim FTSE Developed entfallen auf US-Aktien 72 Prozent, die größten sind Microsoft, Apple und Nvidia.
Solactive GBS Developed Markets Large & Mid Cap Das Barometer des deutschen Indexanbieters Solactive ist wenig bekannt, eignet sich aber ebenfalls gut als Basis für Aktien-ETF. Der Index bildet mehr als 1400 Aktien aus Industrieländern ab. USA-Anteil: 70 Prozent.
FTSE All World Mit rund 4300 Aktien großer und mittelgroßer Firmen aus 49 Ländern ist der FTSE All World Index das Pendant zum MSCI All Country World. 63 Prozent des Indexgewichts entfallen auf US-Aktien.
MSCI All Country World Der MSCI ACWI bildet rund 2800 Firmen aus 23 Industrieländern und 24 Schwellenländern ab. USA-Gewichtung: 65 Prozent, größter Emerging Market im Index ist China mit rund 3 Prozent.
MSCI All Country World IMI Der Investable Market Index (IMI) umfasst neben den Aktien des MSCI ACWI auch kleinere Firmen, insgesamt rund 8850 Aktien. USA-Gewicht: 63 Prozent.
MSCI World SRI Filtered PAB Aus dem MSCI World werden rund 350 Firmen ausgewählt, die im Vergleich zu den Wettbewerbern das höchste ESG-Rating aufweisen. PAB steht für Erfüllung der Pariser Klimaziele.
MSCI World SRI Low Carbon Select 5% Issuer Capped Rund 400 Aktien mit hohem ESG-Rating und unterdurchschnittlichem CO2-Ausstoß. Das Gewicht einer Aktie im Index darf 5 Prozent nicht übersteigen.
MSCI World SRI S-Series PAB 5% Capped ESG-Kriterien und die Pariser Klimaziele stehen im Vordergrund. Rund 350 Aktien, 5-Prozent-Grenze.
MSCI World SRI Select Reduced Fossil Fuels ESG-Kriterien und Klimawandel entscheiden über die Indexzugehörigkeit, rund 400 Aktien.
MSCI ACWI SRI Low Carbon Select 5% Issuer Capped Das Pendant zum MSCI World SRI Low Carbon Select 5% Issuer Capped umfasst auch Emerging Markets und bildet rund 600 Titel ab.

Quelle: Indexanbieter; Stand 30. Juni 2024

Diese Renten-ETF sind erste Wahl

Euro-Staatsanleihen sind unsere bevorzugte Wahl für ein Kinderdepot. Deutsche Staatsanleihen bringen weniger Rendite als Euro-Staatsanleihen, sie schneiden jedoch in der Nachhaltigkeitsbewertung von Finanztest am besten ab.

Index	Anbieter	Isin	Kosten (%)	Rendite über ... Jahre (% p.a.)		Nachhaltigkeit 1)
				5	1	
Staatsanleihen Euro						
Bloomberg Euro Treasury	Vanguard	IE00BH04GL39	0,07	−2,7	2,4	
Bloomberg Euro Treasury 50bn	Amundi	LU1437018598	0,14	−2,6	2,3	
Markit iBoxx EUR Sovereigns Eurozone	Xtrackers	LU0290355717	0,15	−2,8	2,3	
Solactive Eurozone Government Bond	Amundi	LU2089238898	0,05		2,4	
Staatsanleihen Deutschland						
Markit iBoxx EUR Germany	Xtrackers	LU0643975161	0,16	−3,5	1,6	4 Punkte
Nachhaltige marktnahe Staatsanleihen Euro						
FTSE Advanced Climate Risk-Adjusted EMU Government	iShares	IE00BLDGH553	0,09		2,3	2 Punkte
FTSE ESG Select EMU Government Bond	Xtrackers	LU2468423459	0,15		1,4	3 Punkte
JPM ESG EMU Government Bond IG	BNP Easy	LU1481202692	0,15	−2,8	2,2	3 Punkte
Nachhaltige Staats- und Unternehmensanleihen						
Bloomberg MSCI Euro Aggregate Sustainable and Green Bond SRI	iShares	IE000CR3ZDF9	0,16		3,4	1 Punkt
Bloomberg MSCI Euro Aggregate Sustainable SRI Sector Neutral	Amundi	LU2182388236	0,16		3,3	1 Punkt

1) Finanztest bewertet die Nachhaltigkeit von Fonds. Je mehr Punkte ein ETF hat, desto nachhaltiger ist er. Die Höchstpunktzahl ist 5.
Auswahl: Thesaurierende 1.-Wahl-ETF mit guter Handelbarkeit. Reihenfolge nach Indexnamen, Rendite und Kosten.
Quelle: FWW, eigene Analysen. Stand: 30. Juni 2024.

Rentenindizes erklärt

Hier erfahren Sie, was sich hinter den kryptischen Kürzeln und Bezeichnungen verbirgt.

Bloomberg Euro Treasury Der Index umfasst europäische Staatsanleihen mit solider Bonität. Die größten Positionen sind französische Anleihen, die durchschnittliche Kapitalbindung beträgt gut 7 Jahre.

Bloomberg Euro Treasury 50bn Wie obiger Index, aber mit Anleihen von Ländern, deren Emissionsvolumen mindestens 50 Milliarden Euro beträgt.

Markit iBoxx EUR Sovereigns Eurozone Ähnlich wie beim Bloomberg Euro Treasury Index dominieren Staatsanleihen aus Frankreich, Italien und Deutschland. iBoxx gehört zum Indexanbieter S&P Dow Jones.

Solactive Eurozone Government Bond Europäische Staatsanleihen mit vergleichbarer Länderaufteilung und ähnlichen Laufzeiten wie die oben genannten Indizes vom deutschen Indexhaus Solactive.

Markit iBoxx EUR Germany Ein Index mit nur deutschen Staatsanleihen. Aufgrund der hohen Bonität der Bundesrepublik Deutschland sind die Renditen niedriger als bei Anleihen anderer europäischer Staaten.

FTSE Advanced Climate Risk-Adjusted EMU Government Der Indexanbieter FTSE Russell bewertet die europäischen Staaten in Bezug auf ihre Widerstandsfähigkeit und ihre Vorbereitung auf die Risiken des Klimawandels und gewichtet Anleihen entsprechend.

FTSE ESG Select EMU Government Bond Für den Index werden die Euroländer von FTSE nach ESG-Kriterien beurteilt. Die Gewichtung eines Landes darf maximal 35 Prozent betragen.

JPM ESG EMU Government Bond IG JPM steht für den Indexanbieter JP Morgan, der bei der Auswahl von Staatsanleihen der Europäischen Währungsunion (EMU) nach ESG-Kriterien filtert. Finanztest beurteilte den Index in der Gruppe der nachhaltigen Euro-Staatsanleihen am besten, gefolgt vom FTSE ESG Select EMU Government Bond.

Bloomberg MSCI Euro Aggregate Sustainable and Green Bond SRI Unternehmens- und Euro-Staatsanleihen. Mindestens 10 Prozent des Marktwerts sollen in „grüne Anleihen" wandern. Auswahl nach ESG- und SRI-Kriterien (gesellschaftlich verantwortliche Kapitalanlagen).

Bloomberg MSCI Euro Aggregate Sustainable SRI Sector Neutral Ebenfalls Unternehmens- und Euro-Staatsanleihen. Sector Neutral bedeutet, dass die einzelnen Sektoren entsprechend ihrer Gewichtung im übergeordneten Bloomberg MSCI Euro Corporate beibehalten werden.

Quelle: Indexanbieter; Stand 30. Juni 06.2024

Stichwortverzeichnis

K/L

M/N

O/P

Q/R

S

T/U

V/W/Z

Brigitte Wallstabe-Watermann, Dr. Gisela Baur und Antonie Klotz ist die Geldanlage für Kinder ein besonderes Anliegen. Sie wissen als erfahrene Finanzjournalistinnen, worauf es bei der Geldanlage ankommt, und als Mütter, wie wichtig es ist, Kindern frühzeitig beizubringen, mit Geld umzugehen. Zusammen waren sie jahrelang im Führungsteam eines renommierten Anlegermagazins. Sie sind Mitgründerinnen von finanzjournalisten.de und arbeiten für namhafte Print-, Online- und TV-Medien. Für die Stiftung Warentest haben Sie mehrere Bücher geschrieben, unter anderen „Anlegen mit ETF", „Die Finanztest-Strategie" und „Immobilien verschenken und vererben".

Die Stiftung Warentest wurde 1964 auf Beschluss des Deutschen Bundestages gegründet, um dem Verbraucher durch vergleichende Tests von Waren und Dienstleistungen eine unabhängige und objektive Unterstützung zu bieten. Mehr zu unserem Qualitätsanspruch und viele weitere Bücher finden Sie unter www.test.de.

Unser Umweltversprechen

Dieses Buch wurde unter Einhaltung hoher Umweltstandards nachhaltig und ressourcenschonend in Deutschland produziert.

100% Recyclingpapier · Mineralölfreie Druckfarben

ISBN: 978-3-7471-0753-9

Stiftung Warentest
Lützowplatz 11–13, 10785 Berlin
www.test.de, email@stiftung-warentest.de
USt-IdNr.: DE136725570

Vorständin: Julia Bönisch
Weitere Mitglieder der Geschäftsleitung: Dr. Holger Brackemann, Daniel Gläser, Dr. Birger Venn-Hein
Programmleitung: Niclas Dewitz
Autorinnen: Dr. Gisela Baur, Antonie Klotz, Brigitte Wallstabe-Watermann
Projektleitung: Ursula Rieth
Lektorat: Heike Plank
Korrektorat: Christoph Nettersheim
Fachliche Unterstützung: Kathy Elmenthaler, Thomas Krüger (Finanztest); Michael Degethof, Diplom Finanzwirt (FH)
Grafik, Satz: FÖRM – Büro für Gestaltung, Berlin
Verlagsherstellung: Rita Brosius (Ltg.), Romy Alig, Susanne Beeh
Druck: Fromm + Rasch GmbH & Co. KG., Osnabrück